Feminism and the Politics of Resilience:
Essays on Gender, Media and the End of Welfare

フェミニズムと
レジリエンスの政治

ジェンダー、メディア、そして福祉の終焉

アンジェラ・マクロビー

田中東子　河野真太郎　訳

Angela McRobbie

青土社

フェミニズムとレジリエンスの政治　目次

謝辞　7

序章　9

第1章　フェミニズム、家族、そして多重に媒介された新たな母性主義　25

母性的＝女性的なもの／レボリューショナリー・ロード？／
社会主義の理想としての保育園／良い家政《グッド・ハウスキーピング》――家族の生政治／
視覚メディアの統治性、母性そして「ネオリベラル・フェミニズム」

第2章　フェミニズムとレジリエンスの政治　73

フェミニズムからの収益？／競争的な女性性／
レジリエンスの政治／『レッド』とレジリエンス／
レジリエンス批判／「統制的な規範の暴力」（Butler 1997）／
いくつかの結論

第3章　生活保護からの脱出――女性と「妊娠阻害雇用《コントラセプティヴ・エンプロイメント》」　123
「生活保護暮らしで寝てすごす」／フェミニズムとニュー・パブリック・マネージメント／ジェンダーと反福祉主義

第4章　「福祉国家の呪縛から脱却する」――ジェンダー、メディア、貧困の晒し上げ《シェイミング》　165
ソーシャル・ワーカーとしてのリアリティTV?／『リトル・ブリテン』／おぞましさ《アブジェクション》／ホワイト・ディー／黒人女性、「福祉の女王《ウェルフェア・クイーン》」、反福祉主義のメディア／いくつかの結論

註　203
参考文献　215
訳者あとがき　223
索引　i

フェミニズムとレジリエンスの政治——ジェンダー、メディア、そして福祉の終焉

謝辞

二〇一七年度のメルカトル・フェローシップを授与されたおかげで本書執筆の作業を完了できた。カール・フォン・オシエツキー大学オルデンブルク校に感謝申し上げます。第3章の初稿をオルデンブルク校の自己啓発教育プロジェクトで発表しましたが、その共同研究者の中でも、特にトーマス・アルケマイヤーのサポートに感謝したいと思います。二〇一七年にウィーン大学社会学部で第3章の内容を発表しました。私を招待してくれたエリザベート・ホルツレイトナー、ビルギット・ザウアー、エヴァ・フリッカーに感謝します。二〇一七年にはゴールドスミスのフェミニズム研究センターでも、この章の発表を試みました。発表を勧めてくれたリサ・ブラックマンに特に感謝いたします。二〇一九年五月にロンドン・スクール・オブ・エコノミクスで第2章を発表するよう誘ってくれたサラ・バネット＝ワイザーにも感謝します。

これまでと同じように、ロンドン大学ゴールドスミス校と、メディアとコミュニケーション、カルチュラル・スタディーズ学部の同僚たちの熱心さとパワフルさに感謝しています。また、二〇一八年に長期有給休暇を取れたおかげでこの原稿を完成させることができました。さらに、信頼に値するプロフェッショナリズムと忍耐力を発揮してくれたポリティ・プレス社の本書出版チームにも感謝しています。

第1章は、『ニュー・フォーメーション（*New Formations*）』誌の八一号（二〇一三年）に掲載されました。本書刊行のため転載を許可してくれた出版社に感謝申し上げます。

序章

わずか四つの章からなるこの小著は、私たちの暮らすネオリベラリズム時代に関連する現代的な「分断の実践」について、フェミニズムの視点から説明することを目指している。[1] それぞれの章は、ポピュラー文化[2]やメディアを通じた社会格差の広がりと、社会がますます断片化さればらばらになっていくにつれて、女性性という極めて規範的な理想が果たす役割について、さまざまな方法で分析している。私はどことなくバトラー的な身振りで、女性性とは歴史に埋めこまれ、制度によって承認された女性主体や身体を作り上げるプロセスであると理解しているが、そのプロセスは広範囲にわたるテクスト的・視覚的実践の中で形作られ、実現されている。そのプロセスが、儀礼的なやり方で、外見だけでなく行動やふるまいを通じて女性であるとはっきり示されるようになる身体に、認識の様式を与えるのだ。それらはまた、永続化する異性愛的な男性支配を保証する境界画定の実践でもあり、女性の身体と二項対立的な関係にあるものとして男性の身体も確定している。このような作りこみのプロセスは、階級とエスニシティに応じて女性主体を区別し、差別化している。女性性は、国家のさまざまな専門家と行政官によって、さらには消費文化という文化的手段の想像力によっても創出されているため、さまざまな卓越化《ディスタンクシオン》や、「不平等な社会」（Bourdieu 1984；Foucault 2006）を生産するためのメカニズムとして用いられている。たとえば第2章で示しているように、「すべてを手に入れること」というおなじみのまったくありふれた考えは、女性のライフスタイルにまつわる女性誌の主要なトピックであり、脚光を浴びる女性たちにとって重要な論点である。そうした考えは、キャサリン・ロッテンバーグの精力的な取り組みによってフェミニズム分析の対象とされたもので、高収入でたいてい若く、ほとんど全員がリベラル思考の白人女性たちに、エリートになり、自分たちをいまの場所から切り離し、さらに振り切って前進していくよう呼びかける。その目的は、社会階層の上位に居つづけたまま持続的なジェンダー不平等という窮状についてミドルクラスにしかできない解決策を見つけることによって、自分たちの社会的威信を守ることである（Rottenberg 2018）。私たちは、主に視覚的な手段とおなじみのリスト、つまりスリムさ、完璧な身だしなみのテクニック、デザイナー（ブランド）の衣装、エレガントなアクセサリーなどに注目させることを通じて、この特権的な階級の地位を見分け、認識している。「すべてを手に入れた」状態に到達することは、すでにアッパー・ミドルクラスであることをかなり明確に示している。女性性はこれまで以上に、高精度な社会のものさしとなり、その焦点は目標の測定と日々の目的の達成に置かれている。

　消費文化と現代の政治形態から生じているこうした女性性の規範は、野心的で競争的な「トップ・ガール」によって率いられたポストフェミニズムの分野と私が表現してきたものとの連続性をある程度示している。そのような女性たちにとって大衆運動としてのフェミニズムはもはや必要のないものとみなされている。なぜならこれらのエリート女性たちは、平等な競争条件に基づく論理によって導入されたメリトクラシー的施策から利益を得る可能性があり、政府は自分たちに好意的であるとみなしているからだ（McRobbie 2008 ; Littler 2017）。しかし、トップ・ガールとポストフェミニズム状況の連続性はいまでは妨げられている。私は本書でジェンダー的メリトクラシーのヘゲモニーと、階級移動やその可能性の神話に影響を及ぼす二つの新しい要素を強調している（もちろん他にも多くの要素がある）。一つめの要素は新しいフェミニズムのキャンペーンが注目を集め、楽しげであり、主に若い女性によって導かれていて、より一般的には左派の社会的課題と結びつけられていることである。二つめの要素は女性の貧困が可視化されるようになったことである。それは、社会的な階級移動が事実上不可能であり下方へと追いやられていく女性たち、そして気づいたときには暗く灰色の風景に閉じこめられてしまっている女性たちに働きかけはじめる「女性性による幽閉効果」と私が名づけたものを明らかにしている。私が本書の四つの章を通して目論んでいるのは、現代のネオリベラリズムの文化が階級とエスニシティのグラデーションに応じて日常的な水準で女性のために運用され、かつての支援の構造を体系的に解体し、そのイデオロギー的な正統性を奪った方法を説明することだ。解体されてしまった支援の構造とは、一九七〇年代と八〇年代のフェミニストたちが生活保護の受給をスティグマ化しないようにと主張した時代に、そしてまた白人の異性愛的な家族単位のモデルがいまほど無批判に根づいていなかった時代——それはつかの間ではあったけれども――に生み出された。実際、その時代にフェミニストの研究者たちは「家族という専制政治」について語っている（Barrett and McIntosh 1982）。今日ではイギリスにおける女性の仕事と家庭生活がエンターテインメントとポピュラー文化のマルチメディア化された風景を通して歪められているという理由により、以下に続く本書の議論の多くの部分は、仕事と家庭生活に関する問いを中心としている。現代の若い女性の統治性を統合している縦糸は、賃金労働の優先、そして私が第3章で「妊娠阻害雇用《コントラセプティヴ・エンプロイメント》」として言及しているもののもとで家族生活と親密性に与えられた、重要ではあるが副次的な地位である。ここで、単一カテゴリーであるかのように語られる「若い女性」に抑揚をつけておく。当然のことながらエスニック・マイノリティの人びとを含む貧しい労働者階級の女性にとって、有給雇用は地位とアイデンティティを満たす要件であり、規定事項である。ところが、ミドルクラスの女性には「選択《チョイス》」という特権があり、家族、ライフスタイル、そしてキャリアの選択肢が女性の成功の指標として織りこまれている。

競争的な女性性の論理、そして温情ある福祉という倫理の喪失によって、これまで以上にあからさまな敵対関係が社会構造全体ではっきりと目に見えるようになり、それはタブロイド紙とリアリティTVによる「貧困の晒し上げ《シェイミング》」メカニズムとして知られるようになったものと同様に、しばしば憎悪、残酷さ、敵意の表現という形を伴っている。二〇年くらい前のテレビ番組にさかのぼれば、その初期の兆候を見いだすことができる。当時トリニー・ウッドールやスザンナ・コンスタンティンのような白人でアッパー・ミドルクラスのテレビ司会者は、「イメチェン」されたいと名乗りをあげる労働者階級の女性たちの悪趣味な選択をあざ笑っていた（McRobbie 2008）。最近になってフェミニストのメディア研究者たちは、ド・ベネディクティスらが「事実に基づく生活保護TV番組」と名づけたジャンルを通じてより裕福な視聴者を憤慨させようとするリアリティTV番組に、関心を向けている。そうした番組の構成は、貧しくて生活保護の給付金に依存している主に女性からなる人口層に光をあて、メディアで注目を集めることを通じてスティグマ化している（de Benedictis et al. 2017）。そうした番組が成功して多くの視聴者を獲得したことから、フェミニストの研究者たちは番組の社会的意味を問い、これらの晒し上げが不当な行為であることを前面に押し出し、貧しい人びと、主に貧しい女性たちを自身の「好ましくない選択」の犠牲者として描き出す極めて搾取的な番組構成であることを強調するようになった。私のここでの狙いは、これらの研究を参照しながら批判的社会政策論とフェミニスト・メディア研究やカルチュラル・スタディーズとのあいだの強力な結びつきを提起することであるが、私と同様にスチュアート・ホールらの先駆的な論文を参照しているトレイシー・ジェンセンが最近の研究ですでにそのいくつかを説明している（Jensen 2018；Hall et al. 1978）。（『ベネフィット・ストリート』のような）リアリティTV番組の風景内部で展開される社会的な幽閉の象徴的意味は、数十年にわたってネオリベラリズム的な経済と反福祉という政治計画が創り出してきた社会格差の広がりの形を全面的に強化し強固なものにするいっぽうで、メリトクラシー概念の内部に刻みこまれた階級移動の精神という誤った考えを暴露している。私は第3章と第4章を通じて、広がりつづける社会的差異と経済的差異の深い亀裂について、そして以前はあった機会の構造が排除されてきた点について熟考している。このような幽閉効果は、チャンネル4で最近放送された『文無し――生活保護のない友人たち（*Skint Britain: Friends Without Benefits*）[3]』という滑稽な調子のタイトルを付けられたさらにもう一つのリアリティTV番組にもっとも鮮明に見いだせるだろう。この番組は、悪名高い現在の「ユニバーサル・クレジット」を含む保守党政権の福祉改革がもたらした貧しいコミュニティの状況変化を論じてでもいるかのように自らを売りこんでいった。とりわけその番組は、生活保護を利用するために、仕事の欠員があるかどうかを尋ねて地元の店を歩き回る必要のある若いシングルマザーに注目した。いずれの場合にも「仕事はない」という答えが戻ってきたことによって、その番組に出演したすべての人を取りまいている絶望的な状況が明らかにされた。

ここで私が強調していることは、規範的な女性性が階級内の小さな卓越化の世界を節合している点に注目する、ある種の文化的な分析である。その小さな卓越化の世界は社会的地位と自己責任という考えを支持し、実現するよう女性たちに強いている。さらに、これらの原則を遵守できない女性が、視覚メディアの統治性という手段を通じて与えられる広く受け入れられた処罰の形式に服従している点にも焦点を当てている。極めて不利な条件のもとに置かれた女性の身体的欠陥を暴くことが、新しいメディアのインターフェースによって増強されている。これらのインターフェースは、機会均等や女性の権利を学んだ伝統的で有能なソーシャル・ワーカーよりも、自助の文化とイメチェン文化の専門家をメンターとして売りこんでいる。ポピュラー文化内部で展開されているこのような戦術は、社会格差の広がりと幽閉された女性性のもたらす深刻な物理的影響を完全に無視している。貧しい労働者階級の女性、なかでも母親が、育児コストの高さから労働時間の不安定な臨時雇用への依存にまでわたる複数の要因により、ほとんど状況を改善できずいま以上の高いスキルを獲得することができないのは、格差の広がりと幽閉された女性性が原因なのである。さらに言えば、罠にかけられたこのような状態を強制しているのは細かいことの積み重ねだ。たとえば、スキルの低い部門での新しい求職の申しこみは、最近ではオンラインのシステムによって事前にフィルターをかけられてしまうし、事務員や管理職などの基本的な求人は、オンラインでの申しこみの最初の段階を監督する機関に外部委託されていて、その結果、面接に呼ばれるチャンスだけでなく、おそらく面接に秀でている人たちのチャンスが必然的に奪われてしまう。女性一般が継続教育〔高等教育に進学しない一六歳以上の人であれば誰でも学ぶことのできる、資格取得のための教育訓練を行う制度〕と高等教育の学位とディプロマを含むよりいっそう高い資格を獲得するようになっているという広い文脈の中で、学歴の低い女性にとってこうしたことは不利に働く。したがって、失敗し、機会から締め出されているという感覚は、さらにいっそう目に見えやすくなる。

私は二〇一二年に書かれ二〇一三年に最初に発表された第1章で、リベラル・フェミニズムに関する議論が好まれる公共空間としてのメディアとポピュラー文化に注目し、家族生活と母性の見地に基づきつつ、リベラル・フェミニズムからネオリベラル・フェミニズムへの移行をたどっている。女性のための仕事と雇用が、その地位や一人前の女性であることの決定的なしるしとして政策全体に現われている場合、家族と子育てをいまでは二の次にしなければならないのではないかという不安によって、娯楽、余暇、消費文化の世界内部で家族生活への関心が高まった。家庭生活における新たな歓びがあまりにも魅力的で楽しいものであるので、新種の「家庭の天使」[4]になろうとして、勤めを終えた後の努力を倍増することが女性たちの責務になっている。フェイスブック〔現・メタ〕のCOOであるシェリル・サンドバーグのような人物によって、このような生き方にうわべだけのフェミニズムが与えられている。彼女は、ベストセラーになった『LEAN IN（リーン・イン）――女性、仕事、リーダーへの意欲』の作者であり、フェミニストに寄り添い家事と育児を公平に分担してくれるタイプの夫を探すよう若い女性に奨励してさえいる（Sandberg 2012）。こうした考えは、元イギリス首相で、第1章を執筆していた時点では内務大臣であったテリーザ・メイが支持したタイプであり、一見、最新のように見えるが保守的なフェミニズムの新しいモデルをもたらす役割を果たしている。これは、圧倒的に白人ミドルクラスの文化を中心に形成された女性の市民権であり、第1章で私が示しているように、それは貞淑な白人ミドルクラス女性が巧みな家事の才覚を専門的な任務の一種とし、それを行うことで「人類《レイス》の未来」のために責任をもてると思い描くよう奨励されていた一九世紀後半に歴史的な根をもっている。第4章で私は植民地主義的権力に立ち返り、それがイギリス福祉国家の建設にどのように組みこまれているのかという問いに戻っていく。第1章での主要な議論はその現代的な命令に関わっている。この命令は私が「視覚メディアの統治性」と名づけた手段によって実現されており、居住空間も新しい家庭的な歓びの場にするという条件のもと、キャリアへの熱意を高めようとするミドルクラスの若い女性たちに、今度は漠然としたフェミニズムっぽさをそえて家庭内での分業を保証している。ウェンディ・ブラウンのいうネオリベラルな合理性の一部として、より良く、より楽しい「投資収益」を得るために取り組むことのできる事業として家族を強調することは、すべての人のための保育園に国家が投資することで家族を社会化しようと試みた初期社会主義フェミニズムのあらゆる痕跡を取り除くためである（Brown 2015）。家事仕事を単調でつまらない仕事と呼ぶことはもはやできない。当面の課題はたくさんの新たな家庭生活での歓びを見いだすことだ。そのいっぽうで低賃金の移民女性には反復的でやりがいのない労働に伴う骨折り作業をあてがう。要するに、特権的なミドルクラスの女性たちはガラスの天井を壊すために指導的地位を目指そうとするだけでなく、同時に子育てに優れていて、自宅を美しくしつらえ保っていることを証明しようとしていると、主張しているのだ。労働者階級や物質的に恵まれない人びとはできる範囲でしか生計を立てられず、子供たちの世話を優先しなければならない。

第1章のおよそ六年後に書かれた第2章では、現代の生活において女性主体が陥っている病状に照らし合わせて、ポピュラー文化がリベラル・フェミニズムへの回帰ともいえる動きを提案するようになり、ネオリベラルなリーダーシップ・フェミニズムにある種の反転があったことを論じている。この章では、若い女性に向けられたネオリベラルな合理性による競争力を妨げる、相互に関連した二つの変化についても検討している。そのうちの一つは並外れたインパクトを与えた反資本主義フェミニズムであり、その結果、新しい時代のフェミニズムが消費文化の世界に課す固有のジレンマ（たとえば、こんなにも多くある美容製品の売上は大幅に減少したのだろうか？　雑誌業界は、フェミニズム的に見える消費者の新しい要求にどう対応しているだろうか？）がそこには伴われている。もう一つの変化は、女性の「幸福な生活」には高いコストがかかるという認識であり、そのような生活は自己モニタリングする主体という処罰的な体制によって精巧に作り上げられている。サラ・バネット＝ワイザーは「商品フェミニズム」について書いた以前の共著を拡張し、しばしば #MeToo 運動も歓迎する有名な女性セレブリティの活動を通じて、フェミニズムがポピュラー文化の中心部に浸透したことに関する徹底的な考察に着手した（Mukherjee and Banet-Weiser 2012 ; Banet-Weiser 2018）。女性のエンパワーメントという風景全体が一気に広がり、それは資本主義が若い女性によるフェミニズムへの取り組みを歓迎したり、受け入れているように見せさえするある種の動きを可能にする動機となる。

第2章で私は、限界を迎え、賞味期限を過ぎ単なる流行として定義されてしまう前に、つまりふたたび敬遠されてしまう前に、フェミニズムがどれだけ深く資本主義的な消費文化の風景へと侵入できるか問いながら（新しいフェミニズムが資本主義を攻撃する場合に、その反応はどのようなものだろうか?）、関連する二つの点について思考している。バネット＝ワイザーは、オンライン文化に先導され、若い男性に支配されたポピュラー・ミソジニーの台頭を正しく指摘しているが、私はこの章で、別のやり方で議論を進めている。つまり、〈完璧であること（the perfect）〉―〈欠点もあること（the imperfect）〉―〈レジリエンス（resilience）〉、略して〈p - i - r〉と私が呼ぶ形で提供されている一時しのぎの鎮痛剤を利用した一連の言説が出現し、フェミニズムに取って代わろうとしたり、それを補おうとしていることを概説している。そして〈完璧であること〉-〈欠点もあること〉-〈レジリエンス〉は、フェミニズムのある側面を取り戻し、支援のために利用し得るポピュラーなセラピー戦略を若い女性たちに提供するための一歩を踏み出している。

　このフェミニズムの高度な可視化を背景に、私はボルタンスキーとシャペロの議論にも注意を向けている。かれらは、イノベーションの可能性に基づいて一九六〇年代後半の反資本主義運動（社会批判と芸術批判）の要素を吸収することによって、資本主義が再活性化してきたやり方を点検している（Boltanski and Chiapello 2005）。私はこの議論を受け、新しいフェミニズム研究のプロジェクトがエスノグラフィ的な詳細さで、編集デスク、編集者《ゲートキーパー》、その他の意思決定者を含む文化生産者について——特にこの〔公共サービスの理念をネオリベラリズムの語彙へと〕置き換えていく作業を担っている人びとについて——注意深く観察できるかもしれないことを提案する。

　私が検討する二番目の問題は、競争や際限のない自己評価が女性に危害を加えている、という認識と結びついている。ここで私はレジリエンスの政治に目を向けているが、レジリエンスの政治はもっと平凡で例外的ではない一連の期待を優先し、ネオリベラルな「リーダーシップ・フェミニズム」の原則を縮小する。リベラル・フェミニズムは、現代のミドルクラス的なジェンダー体制にとって、自己管理とより親和的であることを証明している。このように女性主体の精神的不調の蔓延を強調しながら、私もまたフェミニスト精神分析の語彙が欠如していることを疑問に感じている。もしもそうした語彙があるならば、このような女性の不満の理由と自己非難の流行について問いただすことができることだろう。アダム・フィリップスとジュディス・バトラーのそれぞれの著書は、主権的な自己の専制から逃れ、初めに「あなたは誰？」と問いかける、より関係的で依存的な主体概念を選ぶ道を開いている。

第2章ではさらに、三つの個別の主題をつなぎ合わせている。一つめは〈p-i-r〉によって演じられる転移の機能、二つめはフェミニズムからの収益、そして主権者としての自己を脱中心化し、不安定な女性主体を他者との関係の中で生きられるようになるものとして開いていく精神分析フェミニズムの手法によってもたらされるケアと脆弱性の倫理の必要性である。全体としてこの章では、ネオリベラルなリーダーシップ・フェミニズムの駆動力に関連して、女性を対象とした非常に多くのポピュラーな言説や、テクスト資料に現れた緊張感のいくつかを明らかにしている。

第3章では、三〇年以上にわたるイギリスのネオリベラリズムが生み出した社会格差の広がりの結果について、フェミニスト・カルチュラル・スタディーズの視点から必要とされているものに焦点を向けている。これは、著名なマルクス主義者であるデヴィッド・ハーヴェイとヴォルフガング・シュトレークの研究が社会学的に重要なジェンダー体制の変化に注目してこなかったことへの批判を必然的に導き出す。スチュアート・ホールの論考は、政治経済学が地べたの水準でおきかえられ、職場や家庭や地元に行き渡った語彙を変容させるあり方を調査するためのとても頼りになる助言を与えてくれる。福祉についての新しい用語法を根づかせ、福祉受給者が無責任で不正をしても よいとする怠惰な人物だという典型に当てはまるとの理由で、生活保護の支払いを削減している公的な承認に根拠を与えているのは、日常的言語、とりわけタブロイド紙によって採用された言語である。特に、シングルマザー女性は貧困を理由に晒し上げられているし、このことは労働者階級のシングルマザー女性とミドルクラスのシングルマザー女性という階級間だけでなく、階級内部にもさらなるくさびを打ちこんでいく。こうしたことから、反福祉の計画が、現在も就業給付金を受け取っている大多数の低賃金労働者を標的にするために、自在にその範囲を動かして、労働者を標的にしていることが示される。この消耗戦が私たちに気づかせてくれるのは、福祉を（その範囲内で）保証してくれるものとしての社会民主主義を攻撃することがネオリベラルな合理性の成功する秘訣だ、ということである（実際に社会民主主義者たちは一九九〇年代半ば以降、福祉の削減との戦いの最前線に居つづけたが、そのことは残存している〔社会民主主義の〕あらゆる痕跡を取り除くことがネオリベラルな企図にとってさらに不可欠であることを証明した）。女性には、職を得ているべきだというだけでなく、労働生活を優先し、「妊娠阻害雇用」の規則を遵守すべきというかなり大きな圧力がかけられる。もしシングルマザーが福祉に依存することのあらゆる欠点を象徴する存在になっているという理由で晒し上げられている場合、その論法は、虐待関係のような例外状況に置かれている場合を除いて、福祉への依存は回避されるべきであるというものだ。ステレオタイプの押しつけによるスティグマ化と屈辱的なイメージは境界画定のための活動であり、日常的に社会格差の広がりを根づかせていく。

第4章で私は、さまざまな人種化のロジックにも注意を払いつつリアリティTVを具体的に検証し、さらに詳しく貧困が晒し上げられる風景を問いただしているが、人種化のロジックは、労働者階級の女性が下方向へと階級移動し、人種的に無徴であるという特権を失う瞬間、彼女たちに「白人性」を付け加える。私が考察しているのは『ベネフィット・ストリート』シリーズに主演している人物である。彼女は黒人の友人にして隣人のディー・サモラと区別するために「ホワイト・ディー」と呼ばれている。この番組は、私が序章の註（2）で言及しているポピュラー文化にあまりにも多く見られるミクロな緊張と矛盾を示している。ホワイト・ディーは、晒し上げられているときでさえ誇り高く、屈服することのない労働者階級の女性性を体現している。隣人たちを病院に連れていったり、生活保護の問題について隣人たちを助けたりすることによって、ホワイト・ディーは自分のことを、隣人を支援する道徳的な能力をもつ人物であると主張する。ホワイト・ディーはさらに、タブロイド紙と、オンライン上にコメントを寄せる広範な視聴者によって彼女と隣人に与えられる「生活保護へのたかり屋」というステレオタイプに異議申し立てをしている。そこで私は福祉に関する議論の内部での人種のポリティクスに続き、非常に多くの黒人研究者の研究に言及して、その章を結んでいる。これらの研究者たちは、完全に福祉の対象外の存在として、そして十分なサービスを受けることのできない主体として黒人を位置づけ、そのようにみなされているにもかかわらず福祉国家の諸装置が白人イギリス社会の福祉を展開しつづけるために黒人たちの労働力を要請していた点に着目している。イギリス福祉国家のこうした人種のロジックは、この点において、社会民主主義の成果に関するたとえ漠然としたバラ色の説明であっても書き換えさせることを要求し、いわゆる「裕福な労働者」の時代を再検討することも余儀なくさせる（Shilliam 2018 : Virdee 2019）。

私は社会格差の広がりと貧困の増加に関するある簡潔な思索とともに本書を終えている。ポピュラーな想像力の中でいまやあまりにもしっかりと確立された「生活保護の不正受給者」や「生活保護のたかり屋」といったイメージが強調されることによって、格差と貧困の問題はほとんど隠蔽されてしまう。議論の余地はあるかもしれないが、いまや職に就いていようが失業中であろうが、生活保護を頼っている女性たちは、いつの間にか自分自身が過去の事例と比べてもよりいっそうはっきりと象徴的に幽閉されていることに気づく。彼女たちが強いられている不安定《プレカリアス》な生は、訓練を受け、スティグマ化させない語彙を使えたかもしれないアドバイザーやサポート・ワーカーの助けを得ることなく営まれていかざるを得ない。スティグマ化させない語彙は、一九七〇年代半ばから導入されたが、それからだいたい二〇年後にニュー・パブリック・マネージメントのシステムによって置き換えられてしまった。こんなふうに、私たちはネオリベラリズムが、置換と転移の複数のプロセスによって進行していくのを見ていくこととなる。弱い立場にある人びとの交流の中から、親切な言葉やより平等な出会いは追い払われている。(5) 空間やイメージや言葉は、より厳しい社会格差の広がりを強化するための境界画定という実践の要請に適うように作られ、日々の敵対性と攻撃のための新しい形式を台頭させている。これらの日常生活と制度化された文化の地形全体を元に戻すために、フェミニズムの研究者やアクティヴィストは、公共空間からなる幽閉効果に対抗するための市民的コモンズや、回復や修復の福祉に基礎を置いた、新しくまったく異なった社会領域を想像する必要があるだろう。それと同時に、貧困の激化に苦しんできた人びとをいまでも傷つけつづけているジャンルを拒否するような、メディアやポピュラー文化の形を思い描くこともできることだろう。

第1章
フェミニズム、家族、そして多重に媒介された新たな母性主義

母性的＝女性的なもの

この第1章[1]で私は、リベラル・フェミニズムからネオリベラル・フェミニズムへと展開する系譜をたどっていきたい。そしてその系譜は、少なくとも部分的には、ミドルクラスで専門職の妻そして母という遍在する人物像を通じて実現され体現されていると主張したい。ネオリベラルなプロジェクトの中心に「ミドルクラス」が置かれているというスチュアート・ホールのコメントを受けつつ、私はそこにジェンダーと母性というカテゴリーを追加して重ね合わせていきたい（Hall 2011）。この萌芽的な母のイメージは、イギリスにおいては戦後の社会民主主義を母性に結びつけてきたような、長く続く政治的な関係をずらしていくだけでなく、それを解体しはじめもするだろうが、それは同時に、政治的右派にしてみれば、家族生活をめぐる現在の議論において主導権をにぎることを可能にする、新たでより現代的な筋書きを与えてくれるものである。私が提示する分析はある程度現代のイギリスに限定されるが、イギリスにおけるネオリベラリズムの政治的路線が母と家庭生活の問題に取り組むにあたって進んでいく指針を大いに提供してきたという理由で、合衆国のポピュラー文化や合衆国のリベラル・フェミニズムにいくどか触れていくことにもなるだろう。この政治的路線は、保守党のいまや時代遅れの「家族の価値」というスローガンとは、かなり異質なものである。右派の新聞である『デイリー・メイル』は、その「女性のお便り（Femail）」欄において、裕福で女性的な母性のスタイルをとりわけ強力に擁護している。この活動的で（ジム通いにいそしむ）、性的な自信に満ちた母という観念は、その母になる以前の対応物、つまり野心家で向上心でいっぱいの若い働く女性、もしくは「トップ・ガール」(McRobbie 2008)の明白な延長線上にあるものだ。その人物像はまた、合衆国の「福祉ママ」のイギリス版である、みじめでだらしがない、福祉の給付に頼るシングルマザーのイメージと常に対置される(この、福祉に頼る母というイメージの政治的な役割については、本書の第3章と第4章でより詳しく探究されている)。失業したシングルマザーが直面する困難に、より批判的かつ共感的な反応が見られるのは、アカデミックなフェミニズムにおいてのみである。(2)

フェミニズムは何十年にもわたって、右派よりは左派と歴史的に密なつながりをもつ政治的な組成物であったが、この連携は現在変化に晒されており、もし右派が、いまのところはかなり単純なフェミニズムの盛り上がりであるものをさらに展開させることに成功すれば、右派に大きな利益をもたらすかもしれない。イギリスの保守党＝自由民主党連立政権の内部そしてその周辺では、フェミニズムのある種の派閥が育つのが目撃された。それは都市の、アッパー・ミドルクラス層の女性たち、たとえば前閣僚のルイーズ・メンシュ、内務大臣のテリーザ・メイ、自由民主党議員のジョー・スウィンソン、そしてそれに加えてポリシー・リフォームのような右派のシンクタンクの、数多くの影響力ある若き女性代弁者たちによってたいていは先導されている。このフェミニズムの暗黙の承認は、権利の平等、家庭内暴力および性暴力の糾弾、そして性器切除に反対する運動を強調する一九七〇年代合衆国のリベラル・フェミニズムの特色を受けついだものである。そのフェミニズムはとりわけ「福祉改革」という観念を通じて保守党のポピュラーなネオリベラル・ヘゲモニーの領野に導き入れられ、この領野においてそれは、それほどに恵まれていない女性たちもしくは「汗をたらして働く人たち《ストライヴァー》」（福祉改革の言説において好んで用いられる用語）とまではいえない人たちに対して負うあらゆる義務を免除された、隠しもしないミドルクラス的な白人フェミニズムの形を取る。

　ネオリベラリズムの勃興についてのフェミニズム的な議論は、まずリベラル・デモクラシーの没落についてのウェンディ・ブラウンの著作によって嚆矢が放たれ、また私自身の、ニューレイバー下におけるメリトクラシーの主体としての若い女性についての著作、そして「フェミニズムの〔新自由主義との〕共犯」があったというナンシー・フレイザーの挑発的な議論によって突き詰められてきた（Brown 2005 ; McRobbie 2008 ; Fraser 2009）。本書もこれらの議論につらなることを願っているが、ここで私は、政治的な右派が異性愛的で母性的な女性性を注意深く主張することによって新たな勢いを獲得していることを示そうと企図している。その結果生じたのは、女性という概念を中心に収斂する先進的な社会・政治的利害関係を広くたばねていくものとしてのフェミニズムの、おそらく予想もしなかったような復権である。しかもその女性の概念は、右派、中道、中道左派の近代化を志向する勢力によって利用可能なものとなっているのであり、以前であればそのような結合は避けられていたはずなのだ。「保守派フェミニズム」というまさにその言葉が、現在ではありふれたものになり、ルイーズ・メンシュが新聞記事やブログ、テレビ出演で日常的に用いる語彙の一部になり、現代イギリスの政治文化のあちこちで活発に議論される論点となっている。フェミニズムはもはや唾棄されるものではなく、現代のネオリベラリズムのプロジェクトに関連するさまざまな具体的な諸価値と接合されることによって、新たな生を与えられたのである。この結びつきは、フェイスブックのCOOであるシェリル・サンドバーグによるベストセラー『LEAN IN（リーン・イン）――女性、仕事、リーダーへの意欲』の結論近くで、著者が自分を恥じることなくフェミニストだと宣言する部分で確証されている（Sandberg 2012）。サンドバーグの本とその意義については、本章の最終節で再論するが、当面は、ネオリベラリズムの野心的な勢力拡大の一面としてフェミニズムがこのように新たな重要性をもって取り上げられていることを強調しておきたい。フェミニズムの影響力が深く及んで、その原理が単に新たな種類の常識《コモン・センス》になっただけでなく、政治的な左翼が粉砕された、もしくは少なくとも抑制された時代において、政治的価値観の活発な力の場となってもいるということを強調したいのだ。[3] 左翼陣営と（中道）左派の双方は、いずれにせよすでにネオリベラリズムの政治目標に対する敗北を認めてしまって、その結果イギリスにおいて、労働党の近代化目標と連立政権の緊縮を動機とする政策とのあいだに、それほど大きな違いはないと指摘する者たちもいる。それぞれの政権は、公共部門の私営化《プライヴァタイゼーション》に傾倒し、負担しきれない依存者たちを生み出すものとして福祉国家体制を非難し、自己責任と起業家精神を強調し、安定した（いまや同時に柔軟で同性愛も許容するような）家族生活の形態を一貫して擁護したのである。

そのようなわけで、出発点として、政治的雰囲気の中にフェミニズムの是認が大いに見いだせると私は言いたい。ブレア政権、そして当時のポピュラーな文化とメディアの特徴であったフェミニズムへの敵意や否認は、退潮したのである。ゴードン・ブラウンが大蔵大臣在任中に最初に作り出した表現である「汗水たらして働く家族」の支援は、保守党と自由民主党両方のリーダーたちによって保持されたのだが、これは現在、(専業と兼業両方の)母たちとのより親身で共感的な対話を含みこむようになっており、これは今日の「フェミニズムの課題」なのだという含意がそこには伴われている。(4) この女性たちの擁護は、女性の票を確保しようという単に実利的な一手以上のものに見えるし、またオンラインの政治運動家たちや新たな女性の選挙民の声の大きさへの条件反射的な反応以上のものに見える。この擁護はおそらく、ネオリベラリズムのプロジェクトの中心的な諸価値を確証し、強化するような、女性を中心に据えたさまざまな立場を発明するプロセスの一部なのであろう。このイデオロギー的な作用の大部分は、公式の政治にかなり接近はするもののその外側で作動しており、それはとりわけ文化やさまざまな形態の女性向けマスメディアの内部で作動している(5)――たとえばBBCラジオ4の『女性の時間』、先述した『デイリー・メイル』紙の「女性のお便り」欄、『ガーディアン』『インディペンデント』『タイムズ』『デイリー・テレグラフ』紙のような、あらゆる全国高級日刊紙の「女性のページ」(もしくは「生活」欄)、『ルース・ウィミン』(イギリスの民放ITVの一二時三〇分から一時間のトーク番組)のようないくつかの重要な昼間のテレビ番組、そしてもちろん、『グラツィア』から『レッド』そして『エル』のようなファッション志向のものから、伝統ある『ウーマンズ・オウン』にいたる多様な女性誌において。二〇〇〇年代のはじめには、女性のエンパワーメントへの招待は、フェミニズムは時代遅れでもはや必要とされていないという決まりきった弾圧を必要としたいっぽうで（例外は左翼的な『ガーディアン』紙と、BBCラジオ4の『女性の時間』である）、現在のメディア文化は、いまや（ある種の）フェミニズムが自らのものであると、（ある種の）主張ができると感じているのだ。

この後に続く議論で私が提示する所見は、（合衆国のリベラル・フェミニズムの伝統にそのルーツをもつ）フェミニズムの、ネオリベラリズム体制にとっての価値を示唆するものである。そのフェミニズムの価値は、個人主義と市場と競争というスローガンに、明確にジェンダー化された特質を与え、同時に社会的な保守主義と結びつけられるいまや古めかしい「家族の価値」をめぐる語彙をアップデートするものでもある。そういった語彙が古めかしいものになっているのは多くの理由による。まず、ポスト産業経済にとって女性の労働力はあまりに重要であるため、長期間にわたって在宅する妻や母を擁護できる人は誰もいない。さらには、一九七〇年代半ば以降のフェミニズムの隆盛に拍車をかけられるかたちで、女性たちは働きたいという強い欲望を表現したのである（LGBTQとBAME〔黒人、アジア人、民族的少数派〕の女性たちは、労働者階級の白人女性たちと同様、常に賃金労働を行っていたのだから）。新たな保守派フェミニストたちは、離婚率が高い現状において、キャリアを手にすることは女性に収入と独立を与えるだけでなく、政府への福祉負担を減らしてくれもすると考える。そのようなわけで、労働市場に参入してそこにとどまる女性たちを政府が擁護することは、理にかなっているのだ。このような文脈において、新たな「企業」フェミニズムは現代のネオリベラリズムの支配を支持し、その領域を拡大するのである。たとえそのフェミニズムが、たとえば宗教のロビー活動団体や、中絶（もしくはそれに似た問題）に反対する個々の両性の政治家と対立して、いくらかの困難に直面するとしても、それらは乗り越え可能な障害なのである。選択《チョイス》、エンパワーメント、そして「家族計画」にコミットすることが、もっとも重要なのである。

この新たなネオリベラル・フェミニズムが避けて通れない問題は、その想像上の他者、つまり抑圧され、さまざまな形態の支配や管理に晒されていると想定されたムスリム女性との関係において、それが取る立ち位置や資格の問題である。9・11後の世界という文脈でものを書いているさまざまなフェミニズム学者たちはこれをフェミニズムの道具化と呼んできたが、ジャスビア・プアは、西洋の諸政府が、とりわけ合衆国において、一種のグローバルで先進的な優越性を主張するための手段としての、ホモナショナリズムの戦略的な価値、そしてゲイとレズビアンの権利の道具化について考察した（Puar 2012）。私がここで見取り図を描きたいと思っているのは、主流の右翼政党と政治勢力――私にとってそれはまずはイギリスの保守党であるが、同時にドイツキリスト教民主同盟のようなヨーロッパの諸政党も含む――が、多くの強力なメディアのチャンネルを通じて穏健なフェミニズムを採用することによって、保守主義の政治目標を再活性化させ、現代化させることのできる――そしてそれは女性により配慮をした新たな種類の政策を可能にするのだが――その方法である。(6)

レボリューショナリー・ロード？

以下ではまず、二〇〇九年の映画『レボリューショナリー・ロード／燃え尽きるまで』（サム・メンデス監督）を簡潔に考察することによって、家族の価値とネオリベラル・フェミニズムの分析への導入としたい。しかる後に、一九七〇年代終盤の（第二波の）社会主義フェミニズムによる家族についての著作のいくつかの系譜をふり返ってみたい。それに続くのは、フーコー的伝統、とりわけ一九七〇年代終盤の生政治講義と人的資本の概念のフーコー的伝統に基づく節である。それから、母親に対する、活動的な性的主体であれという（身体文化を通じて表現された）新たな呼びかけと同時に、経済的な意味で進取の気性に富む（労働に従事している）主体であれという新たな呼びかけを理解する道具として、これらの多くの観念を形作って実現していくための統制的な空間としての「視覚メディアの統治性」という概念を提案したい。女性の成功をはかる基準やその境界線が確立されるのはこの空間においてであり、「シングルマザー」のおぞましい《アブジェクト》身体と彼女のだらしない子供たち、または「ガキども《ブルード》」の身体は、この統治性の空間においてこそ、失敗とは何かという新たな規範を象徴するものとなる。この視覚的領野においては、脆弱性や依存性は、図像的な水準で見た目への無頓着さ、そして肥満であることやひどい鬱状態であることと等号で結ばれ、そして今度はそれは、不十分な生活設計と、ウェンディ・ブラウンが「管理に失敗した生活」（Brown 2005）と呼ぶものを示す「業績指標《パフォーマンス・インジケーター》」となるのだ。

なぜ『レボリューショナリー・ロード』なのか？　この映画は大衆的なミドルブラウの、〔『ブリジット・ジョーンズの日記』などを手がけた〕リチャード・カーティスのワーキング・タイトル・フィルムズ製作作品を連想させるインディペンデント風の、主に女性にアピールすることが多い映画と、よりアートシアター系のジャンルとのあいだのどこかに位置している。このジャンルの立ち位置は、大体において女性で、ミドルクラスで、おそらく大学教育を受けた観衆を見こめるようなものだ。今日の映画製作と配給の経済は非常に複雑なので、映画の公開の時点において作品と同時に作り出される多重につらなる宣伝や情報の断片が、幅広いメディアの形態にまたがって広く拡散され、その結果映画というものは際限なく広がっていく文化的対象となる。『レボリューショナリー・ロード』は『タイタニック』の演技ですでにおなじみだった、ハリウッドでもっとも有名な二人の俳優を再登場させるもので、その意味でケイト・ウィンスレットとレオナルド・ディカプリオというスターたちはこの映画に、性的ならびにロマンティックな期待を大いにもたらしている。サム・メンデス監督は当時ケイト・ウィンスレットと結婚しており、映画そのものは結婚生活の不和をテーマとしている。メンデスは『アメリカン・ビューティー』を監督したことでも知られており、リベラルな感性を持った人物とみなされている。

『アメリカン・ビューティー』と『レボリューショナリー・ロード』は両方とも、舞台演劇のように少数のキャストで演じられており、性の政治の重要性と影響力を認知していることを強調するが、それによって感情がもつれ合うやっかいな状況を取り扱うことが可能になっている。『アメリカン・ビューティー』がポストフェミニズム的な異性愛の家族生活の物語だったなら、『レボリューショナリー・ロード』では監督のまなざしは時間をさかのぼって（リベラル・）フェミニズム以前のアメリカ合衆国へと向けられる。一九六二年に合衆国の作家リチャード・イェーツによって出版された評価の高い小説を原作とする『レボリューショナリー・ロード』は、白人ミドルクラスの合衆国リベラル・フェミニズムが創立された瞬間から、それが現代においてネオリベラル・フェミニズムへと変容していった経緯について考える機会を与えてくれる。この作品は、そのサブテクストとして、さまざまな幅広いフェミニズムの問題を含みこんでいる映画であり、映画の舞台になっている時代の直後の時期に何が獲得されたか、という備忘録となっている。この映画がフェミニズムを予見しているということではなく、合衆国のリベラル・フェミニズムが、最終的に爆発的に広まった際に、なぜあのような形をとったのかを示してくれるということだ。したがって、この映画は、来たるべき性の政治学としか言いようのない何かを求める名づけようのない欲望によって駆動される内在的な物語なのだ。その製作のタイミング、監督がはっきりとは表面化してみせないけれども観客に察するように任せているテーマ、そしてまた、エイプリルの役作りのために〔ベティ・フリーダンの〕『新しい女性の創造』を読んだというケイト・ウィンスレットのメディアへのコメント、このすべては、この数千万ドルの予算規模の映画のプロデューサーたちが、フェミニズムの問題を興行の成功につなげることができると確信していたということを示唆する。(7) この映画は、一九五〇年代を舞台とするにもかかわらず、ノスタルジアの感覚を呼び起こすことはない。ウィンスレットの衣装は、彼女をフェミニズム以前の、あの保守的女性性の瞬間に閉じこめると同時に、彼女が因習の境界線を乗り越えようともしていることを示唆するように、注意深く選択されている。彼女は隣人たちよりも都会的でエレガントであり、彼女の洋服はどこか他の場所に行きたいという彼女の切望を表現している。この映画は、嵐が巻き起こる前の、前フェミニズム的段階としての戦後合衆国の郊外というあの瞬間に設定されたものであり、エイプリルという登場人物を通じて探究される、数多くのフェミニズム的な諸問題を、そう名指すことなく描出するものである。

エイプリルとフランクのカップルは、どこから見ても戦後アメリカの白人の裕福さの典型であり、そしてその時代の新たな核家族の土台となった、硬直したジェンダーとセクシュアリティを特徴とするライフスタイルに、我知らず閉じこもって暮らしている。俳優としてのキャリアを積みたいというエイプリルの希望は、地元のアマチュア演劇で大失態をやらかして打ち砕かれてしまう。エイプリルはまた、夫がデスクワークに満足していないことも理解し、その結果パリに移住することを提案する。エイプリルの熱意は、最初はこの計画に夫を巻きこむために彼女が注がなければならない労力の大きさによって躓き、それから二つの出来事が間を置かずに起こったときに完全に消えてしまう。一つは彼女が第三子を身籠もるが、中絶を望んでフランクにショックを与えること。それから今度はフランクが仕事で思わぬ昇進をし、それと同時にオフィスのスタッフの女の子と浮気のスリルを味わって、郊外生活の退屈を埋めること。夫婦関係が崩れ去っていくと、エイプリルは夫婦で夜に出かけた後に隣人の一人と二人きりになった際に彼を誘惑し、カーセックスをし、数日後には彼を拒絶する。エイプリルはそれから、中絶を実行するために助産用の吸引器を入手したことでフランクを激怒させ、彼が浮気をしたと告白しても、なぜわざわざそれを知らせるのかと苛立たしげに彼に訊くだけである。パリへの移住はもはや選択肢ではなくなり、絶望したエイプリルは自分で中絶を行い、子宮を破裂させて失血死する。映画は、妻を失った父であるフランクが、ニューヨーク・シティに引っ越して、子供たちが公園で遊んでいるのを見ているショットで終わる。そして同時に、二人が住んでいた郊外にカメラが戻り、不動産仲介業の隣人が、あのカップルは決してここになじむことはなかったとコメントする。

これは、安全な中絶は言うまでもなく、避妊の手段も簡単には手に入らない時代であり、野心のある女性たちが、母親になってしまえばキャリアを満足に追求することなどほとんどできなかった時代の話だ。この映画は家族生活と母になることの窮屈さが、その後にやってくるもの、つまり一九六〇年代半ばの女性運動（もしくは女性の革命）の引き金となるさまを示している。それは、いまにも生じようとしているフェミニズム的問題の一覧を含んでいるのだ。エイプリルが隣人を面白半分に誘惑する際には女性の性的快楽の問題が探究されるが、セックスそのものはほんの数秒で終わってしまう。セックスが終われば、関係はそれきりである。また、エイプリルは子供たちに対してこれといった愛情を示すことはない。母であることは単に、求めてもいないのに彼女に訪れた状況なのである。全体としてこの映画は、離婚を肯定する強力な論陣を暗に張っている。この物語が示唆するのは、女性のメンタルヘルスと幸福は、婚姻から脱出し独立を――自分自身の人生を――

獲得するかどうかに左右されるということだ。

この映画のイギリスとアメリカでの受容の文脈において重要だったのは、製作のタイミングだった。この映画は、結婚の崩壊と家族生活の不安定化についての不安をさらにかきたてた。それは、現代の映画の風景の中に怒りに満ちた性の政治学が侵入してくることには慣れていないミドルクラスの観衆層に向けて、フェミニズム的な問題を導入した。おそらくこの作品は、もし、『デイリー・テレグラフ』紙のチャールズ・ムアの映画評が何らかの判断材料になるなら、政治的右翼の陣営の中にジェンダー不和と性の政治学を導入したのだ。(8) なんにせよ、私がここで言いたいのは、この映画が、その前の一〇年間には結婚を称賛し、婚期を逃して子供を持てず「いつも新婦の付添人にはなるけど新婦には絶対になれない」ことへの若い女性の恐れをユーモアたっぷりに描いてみせたポピュラーな映画文化における、一つの論争の瞬間をしるしづけている、ということだ。(9) ハリウッド・スターたちを出演させる『レボリューショナリー・ロード』は、結婚の神聖性に異議を唱えることによって、自らのリベラルさを証明してみせている。この映画は、リベラル・フェミニズムが現代西洋の女性たちの自由に貢献してきたことを忘れるなというメッセージを発している。エイプリルの語りを通じて、この映画は当時迫っていた「革命的《レボリューショナリー》」な変化を予告する。この映画は観客に、進歩の観念を念押しする——既婚女性が、赤ん坊の世話と家事のみが一日の主な出来事であるような、家の中へと囚われていたような時代にはもう帰ることはできない、と。この物語は、私的な解放もしくは個人の解放という観念とともに、単線的な進歩のモデルを強調する。『レボリューショナリー・ロード』の全体には、深いところで白人リベラル・フェミニズム的な「感情構造」が流れているのである。ケイト・ウィンスレットはその役においてであれ本人としてであれ、今日の若いミドルクラス女性に強力な同一化のための対象を提供している。彼女は美しく、成功しており、情熱的な独立した女性のオーラを放っている。彼女の妊娠の発表の後に『デイリー・メイル』紙が意地悪く言ったところでは、彼女はもうすぐ三児の母になるのだが、その父親は三人とも別である——いわゆる「スリー・バイ・スリー」であるという（この、シングルマザーを侮辱し誹謗するくだけた言い回しについては、本書の第3章と第4章で再論したい）。

社会主義の理想としての保育園

私はここまで、現代のネオリベラリズムは、それ自体を新しい種類の常識《コモン・センス》としてより深く根づかせようとする試みにおいて、リベラル・フェミニズムとの共生関係に入り、職を持った既婚の、ほぼ例外なく白人の異性愛者である母を是認するところまで権限を拡大したのだと論じてきた。私はまた、ネオリベラリズムによるヘゲモニー構築において、専門職のミドルクラスの母に与えられる重要な役割を指摘してきた。しかし正確には彼女は誰なのだろうか？　サマンサ・キャメロンやミリアム・クレッグのような主導的な政治家の妻たちの、メディアでの可視性や宣伝広報をマネージメントするさまざまなやり口を指摘することもできる。また、フェイスブックのCOOであるシェリル・サンドバーグを、（メディアの表現を使えば）「女性の切れ者たち」のリストに加えることもできる。それはキャリアから長期休暇を取っていったん離脱しているのであれ、また「うまくやりくり」して仕事と母親業を両立させているのであれ、義務に対するプロフェッショナルな集中力、責任、そして子供たちの安定した成長を確かなものにするために必要なあらゆるスキルをもって母親業にあたる母親たちのリストだ。事実上は、こういった母親たちは、家族の崩壊を押し留め、よりよく、より効果的な子育てを増進することに熱心な政治文化の中で「模範的」な母として求められるものである。しかし、この専門職ミドルクラスの母の新たな役割をもっとも正確に体現し、いまでは母親たちのロビー活動組織の地位を獲得したのは、www.mumsnet.co.uk〔イギリスの子育て支援サイト「マムズネット」〕のウェブサイトである。この母性的市民というモデルに、ポピュラーなメディアやタブロイド紙において対置されるのは、すでに指摘したように、みじめな母の像であり、典型的には父親の違う何人かの子供がいて、福祉に頼り、公営住宅《カウンシル・ハウス》に住み、身体イメージに対する注意が行き届いていないことを物語る外見をしたシングルマザーである――そしてここに列挙した性質は、今日の道徳的な世界においては、怠惰と性的放縦と不行き届きな子育てを含意するものなのである。ここでも『デイリー・メイル』紙は先頭を切ってこういった悪い母親の事例をすっぱぬいており、そういった母親の多くは生活保護をだまし取ったり、不良の子供を育てたり、仕事に就いたことがないか、そうでなければ頼るに足る父親像を子供たちに与えることに失敗してきた、そういう母親だと示される。二〇一三年七月に、『デイリー・メイル』紙は評価の高いアジア系イギリス人の著述家でテレビタレントのヤスミン・アリバイ＝ブラウンに、このジャーナリストが侮蔑的に「男砂漠」と呼ぶ地区で一日をすごすことを依頼した。彼女がこの地域にそのような呼び名を与えるのは、シングルマザーが多く住んでいるらしく、この場合その多くは黒人であったからだが[10]。たいてい、このような種類の記事は、疲れはててだらしのない見た目の母と、手に負えない腕白な子供たちの写真に頼るものであるが、ビヴァリー・スケッグスならば論じるであろうように、そのような見た目は、下品で道徳的に欠陥のある労働者階級の女性性と同義になったのである（Skeggs 1997）。

こういった一連の情報、広報、そしてニュースの情景の全体は、社会的なものと政治的なものが融合して、しばしばエンターテインメントとセレブリティの文化によって乗っ取られてしまうような枠組みの中に存在する。実際、たとえば「福祉改革」のような私たちの時代のもっとも差し迫った社会問題の一部は、かつては「おもしろニュース《ティット・ビッツ》」やゴシップとして知られていた、多数の大衆的な女性の読者層や聴衆向けの、伝統的な『ペッグス・ペーパー』風の読み物とリチャード・ホガートが呼んだものの現代版によって、飲みこみやすい形で提示されている（Hoggart 1957）。ここでホガートの名をほのめかすのはとりわけ適切なことだが、それは、模範的な母であろうが不面目な母であろうが、その新しい世界から完全に欠落してもいるのは、力強い労働者階級の母の像、ホガートが、そして彼の前にはD・H・ロレンスがあれほど活き活きと描いてみせた、コミュニティの頑強な柱としての母の像だからである。見た目にはそれほど頓着せず、疲れていることが多く、時には同時にいくつかの薄給の仕事に就き、自分の子供たちが十分に食べて最善の機会を与えられるようにする――このような人物像はポピュラーな想像力の中からはほとんど消えてしまった。彼女は『コロネーション・ストリート』のようなテレビのソープ・オペラに時々登場する人物として生き残っているだけであり、テレビの他のジャンルで登場するとしても、それはイメチェンが必要な、生活に疲れ切ったお母さんとしてであり、彼女の子供たちや夫が、テレビの司会者と共謀して、今日女性とみなされるための基準として必要とされる魅惑的な見た目へと彼女を引き上げるような、ものすごい変身のチャンスを彼女に与える、そういう番組においてである。言い換えると、そのような女性は、ミドルクラスの野心、性的な魅力、そしてそれに伴う社会的な許容可能性に手が届く範囲へと労働者階級の女性を連れて行ってくれる美容文化の規範化の地平線へと、服従＝主体化させられるのだ（McRobbie 2008）。何らかの公共的な声や可視性をもった人間としての労働者階級の母の消滅――文学、演劇、映画と同様、左翼思想においてかつてはそのような人物像に付与されていた敬意や尊厳は、忘れてしまえ――は、社会民主主義が没落し、福祉は無駄であると広く嘲笑の対象となり、それらを原理的に擁護していこうという声が政治やメディア、そして公共政策の分野からどんどん減っているような、変化する現在の政治の世界をよく表現しているのである。

この変容がどうしてここまで徹底的なのか、そして母として福祉への依存に囚われてしまっている女性たちへの同情や支持がどうして退潮してしまったのかをさらに解明していくには、私たちはラディカルな政治と社会民主主義的な政治の両方とフェミニズムとのあいだに存在してきた歴史的関係を、とりわけ母性との関係において、熟考する必要がある。その理由は、これらの交差する政治的諸力の組み合わせこそが、アメリカでクリントン政権（そしてそれが、ワークフェアを唯一の選択肢にさせようという企ての焦点として「福祉の女王《ウェルフェア・クィーン》」という人種化された比喩形象を選び出したこと）によって開始され、［イギリスで］ブレア政権の時代に〈第三の道〉として確定されたような、新しい右派、中道右派と中道左派の隆盛によって打撃を受けて力を失ったものだからである。実際私たちは、ブレア政権が古い労働党の忠誠を解体することに、どれだけの情熱をもってとりかかったかを過小評価することはできない。それはまた、フェミニズムを鼻であしらって拒絶すること、そして労働党の歴史の価値と地位の信用を低下させることを伴った。

もちろん、フェミニズムが労働党と完璧に調和して存在してきたというわけではない。労働党と、一九七〇年代から九〇年代までの社会主義フェミニストを含む議会外の左翼とのあいだの亀裂については、十分な記録がある。フェミニズムと家族についてのもっともよく知られた著作のほとんどは、マルクス主義フェミニズム学者の手になるものだった――エリザベス・ウィルソン（一九七五年）、ミシェル・バレットとメアリー・マッキントッシュ（一九八二年）、そしてデニース・ライリーによる歴史学的な著作（一九八六年）などもある。これらの著述家たちは誰一人として労働党に直接のつながりがなく、その多くは社会民主主義の改良主義的な傾向に激烈な批判を浴びせた。だがこの分断は完全に決定的というものでもなく、一九八〇年代の半ばには、いくつかのマルクス主義グループは解体して労働党に入り、そのいっぽうで有名なフェミニストのジャーナリストであるビー〔ベアトリクス〕・キャンベルを擁するイギリス共産党は、とりわけより主流に近いユーロ・コミュニズムの路線を採用していくにつれて、労働党内部の著名な人物たちと多くの政治的プラットフォームやさらには雑誌を共有するようになったのである。労働党の英雄的時代が戦後であったとするなら、その戦後の歳月を通して、家族、とりわけ経済的な困難に陥っている家族の生活水準を改善することに身を投じた多くの活動家や運動家が、労働党内部とその周辺に存在したのも事実である。児童手当が母に直接支払われることを確実にするようロビー活動をしたり、とりわけ低収入の地域で、就学前の保育を確立しようと必死で闘ったのは、労働党内部の女性たちだった。〈子供の貧困行動グループ〉は長年にわたって強い影響力をもっており、一時期はルース・リスターが代表であった。彼女は尊敬を集めるフェミニスト学者にして運動家で、何十年にもわたって〔他の問題に加えて〕貧しい者たちやシングルマザーたちを、良質のフルタイムの保育所の供給を確保するのが難しいにもかかわらず無理やりに労働させようとする政府の試みから守ることに関わってきた人である。(11)

ブレア時代の「近代化」は、こういった種類のフェミニズムの政策介入の仕事を周辺化したり、その信用を失わせたり、時代遅れのものとして描く趨勢を生み出し、その結果、〈女性のための予算グループ〉や「ジェンダー主流化」〔男女平等の考え方を政策やシステムに取り入れること〕プラットフォームを除いては、女性の声は沈黙させられ、多かれ少なかれ無視されてしまったのである。(12) このフェミニズム運動の終焉は、現在ではポピュラーな出版物やメディアに、良い母と悪い母という新たな対立が興隆してあふれるにあたって、おそらく重要な役割を果たした。二〇〇八年以来の、オンラインの新たなフェミニズム運動家や活動家の出現にもかかわらず、そういったフェミニストの注意は、貧しい女性を福祉の削減から守ることにはほとんど向けられなかった。また、これらのオンライン組織が貧しいシングルマザーへの誹謗や非難の問題に取り組むことも、必要なだけのベビーシッターを雇うことができるスーパーリッチやセレブにのみ目を向ける、ポピュラーなメディアのあらゆるところに見られる母親の美化に異を唱えることもなかった。『クリティカル・ソーシャル・ポリシー』のような雑誌におけるフェミニズム的な公共政策研究は、確かにそのような一連のトピックをカバーしており、たとえばシングルマザーのこうした否定的なステレオタイプ化のより広い影響を問うているし、MaMSIE〔Mapping Maternal Subjectivities, Identities and Ethics の略で、ロンドン大学バークベック校を本拠とするネットワーク〕では母性の新たな道徳的風景に異を唱えるような多くの記事が書かれてきた(13)。欠けているのは、ある社会・文化的な枠組みの中での恵まれない人びとの悪魔化を、より広い文脈の中で捉えることである。それが行われれば、社会民主主義の衰退だけではなく、その衰亡が奇妙にも気に留められることがなく、したがってそれが哀悼されることもなかったという事実が明示されるはずなのだ。

もし私たちが、その初期におけるイギリス福祉国家の決定的な特徴、つまり女性と子供がさまざまな受給権や手当の正当な主体として重要な地位を占めていたことに注意を向けるなら、それとは裏腹に、社会保障制度がいかに白人男性稼ぎ手モデルを前提としており、それは一九七〇年代の終わりには、経済的な自立を獲得し維持する手段としての、女性による労働への十全な参画を主張した社会主義フェミニストに異議を唱えられていたことを、私たちは思い出すことができるだろう。それと軌を一にして、保育の供給の問題が突然に前面に出てくる。この時代の三冊の重要文献が、論争の領域を正確に反映しているだろう――エリザベス・ウィルソンの『女性と福祉国家』（一九七五年）、ミシェル・バレットとメアリー・マッキントッシュの『反社会的家族』（一九八二年）、そしてデニース・ライリーの『保育所の戦争』（一九八六年）である。

　ライリーの重厚な歴史記述は、医療の専門家、精神分析家その他の専門職女性のあいだに吹き荒れた、保育の役割をめぐる怒りに満ちた論争をマッピングし、そしてそれは返す刀でフェミニストたちに「社会〔主義〕化《ソーシャライズド》された保育」のアイデア、共産主義国家をも連想させるアイデアに注目させるものだった。このアイデアは、さまざまな理由で、イギリスの異なるフェミニズムの派閥の中で大いに歓迎された。その理由というのは第一に、フルタイムの保育のみが女性を解放して、彼女たちが雇用を得て、経済的な自立性を獲得し、中断なしのキャリアを追求し、仕事と専門職の生活において男性と同等に潜在力を発揮することを可能にするということであり、第二に、保育所の環境は子供たちにとって有益なもので、子供たちが社交的なスキルを身につけ、内にこもって過熱した、母との感情的紐帯から逃れることを許すからであり、そして第三に、その内にこもった母性というものは、どうあっても女性にとっての罠であり、消耗をさせ報われない役割であり、無給の苦役であるからだ。うまく組織化された保育の供給は、ほとんどその最初から、社会主義の理想であった。保育の供給は、四〇年以上にわたって、フェミニズムの言説と、より広い公共政策の論争双方の重要な論点であった。歴代の労働党政権は、保育を、貧しい家庭の子供たちの健康と福祉を改善し、そのいっぽうで女性たちが働き、それによって家族の収入に貢献することを許すための方法として見た。とりわけエリザベス・ウィルソンのようなフェミニスト理論家たちは、福祉が労働者階級の家族の生活へと侵入するにあたって、取り締まり《ポリシング》的な役割を帯びることを指摘したが、それにしてもフェミニズムの内部には、有給の出産休暇、そしてその他それに関連する手当に加えて、国家によって供給される保育に対する一貫した支持が存在してきたのである。

『反社会的家族』もまたふり返ってみると教わるところの多い著作であるが、それは単に家庭の抑圧的な側面と「母性の専制政治」に対抗するからだけではなく、この著作が、当時は母になる可能性をほとんど与えられておらず、子なしの烙印に苦しんでもいたレズビアン女性の排除に目を向けたからでもある。この本はさまざまなやり方で、異性愛的なフェミニズムの特権と認められているもの、およびそれが母性をフェミニズムの内部での優先事項として擁護することと、規範的な家族生活からの周縁化という前‐クィア的な力学とのあいだの分断をはっきりとさせる。同時に、ミシェル・バレットとメアリー・マッキントッシュは、日常生活において家族というものの広い人気はいつまでも衰えないように見え、それが終焉を迎えることなどありそうにないと十分に認めている。この、家庭内という領域を享楽する傾向が合意を集めていることにかんがみて、フェミニストたちは極端な反家族もしくは代替的家族の立場からは、問題ぶくみではあるが撤退し、幅広い政策、とりわけ産休、フレックス・タイム、そして安価な保育の利用可能性といった政策を通じて、母親たちを支援する政治運動に関わるようになった(14)。私はこの歴史的な軌跡を、とぎれのない道として強調しているのではなく、フェミニズムと、社会民主主義的な政府と結びつけられる先取的な政策とのあいだの、問題を抱えてはいるもののしっかりとしたつながりを際立たせるために強調しているのである。その社会民主主義的な政府は一九七〇年代初頭以来、女性の労働力への移動を支援し、そしてそれと付随するかたちで、就学前の保育を財政的のみならず社会的にも有益だと認めたのである。

この、かつては強力だった諸力の配置に関して二〇〇〇年代初頭以降に起こったことは、示唆的である。(バレットとマッキントッシュの表現を借りると)「母性の専制政治」をフェミニズムが強調するといったことは、完全にはばかられるものになってしまい、同様に家事や育児を苦役として描出することもタブーとなった。現在、他のさまざまなフェミニズムの政治行動があるにもかかわらず、毎日の家事や子育ての抑圧的で、反復的で、消耗させる性質と、女性たちがいまだにこういった日々の責任を不当に押しつけられているという問題に取り組む組織や政治運動体が存在しないのはなぜか、ということを考えてみるのは興味深いことだろう。おそらくこのことは、責任と選択《チョイス》を強調するポストフェミニズム文化の遺産のおかげであると言うことができるだろう。さまざまな社会学者たちが論じてきたように、構造的な問題は個人的な問題へと作りかえられ、それに対しては私的な解決が見つけられなければならないということになっている。[15] 選択というもののイデオロギー的な力は、脱・社会化および脱・政治化を進める機能を備えている。しかしより著しいのは、〔あらゆる人に行き届く〕普遍的給付としての手に届く社会化された保育（つまり、集団的な保育）という理念もまた、それが社会主義的、共産主義的、そして福祉国家主義的な伝統のもとにあり、したがって国家にコストをかけるものであるがゆえに、言語道断なものであるというイデオロギーである。この文脈においては、乳児や幼児へのフルタイムの保育の供給は、子供たちに害があるとご都合主義的に非難されてきた。[16] しかしそれにしても、この社会化された保育のモデルは、恵まれないひとり親の世帯にとって、貧困から抜け出すための唯一のもっとも効果的な道として提供されたのである。母親たちが労働市場に十全に参画するためには、保育と学童保育の広汎でうまく運営されたプログラムが存在しなければならない。それなしでは、働く母親たちは常に、賃金労働を優先することについて複雑な感情を抱くことになるだろう。

長年にわたってイギリスの労働党政治の決定的な特徴であり、家族、福祉、そして母性についての思考の本性を形作ってきた社会民主主義とフェミニズム政治との連携関係は、ブレア政権期と結びつけて考えられる近代化の諸力によって、捨て去られたとは言わないまでも、少なくとも顧慮されなくなってしまった。女性が職場での機会を危うくすることなしに、いかにして現実主義的に母親業と仕事とを結合し得るのかについてずっと交わされてきた論争に、「ワーク・ライフ・バランス」のような陳腐な言い回しが取って代わるようになった。暗黙の形でジェンダーの伝統主義への回帰が起こり、女性は二重の役割を継続するために職場で妥協することを強いられ、それはジェンダー平等と家庭内での役割の平等な分担を求めたフェミニズムの議論のすべてを一歩後退させるものだった。当時、すべての家事の責任を分担するために、男性がキャリアや昇進の可能性について妥協すべきだと、すすんで声を大にして論じる女性はほとんどいなかった。というのも、そのようなことを言えば、それはフェミニズムのアンチ男性的な態度を確定するだけになってしまい、そのことは、ブレア政権期のあいだには、ウェストミンスター政治の風景の中ではまったく許容されえないことだったのだ(17)。

要約するなら、現在の新たな家族をめぐる価値観を理解するためには、ニューレイバーの時代にさかのぼって、母親としての女性を支援することを目的とした、社会民主主義とフェミニズムとのあいだのそれ以前の歴史的な親類関係が、いかにして無効化されその信用をはぎとられていったのかをふり返る必要がある。この時代に起きたのは、支援や助成金に頼ることはどういうわけか恥ずべきことであると示唆するかのような、現在の福祉の悪魔化への道が開かれたことだ。その結果、家族は自分の問題に責任を負う必要があり、国家に「施し」を求めてはならないということになった。同時に、選択と、ベビーシッターを利用した保育の私営化《プライヴァタイゼーション》を称賛するような言説が広く流布した。レズビアン・ゲイのカップルに婚姻や親としての権利を認めることは、重要で公正なことではあったけれども、ポピュラー文化とメディアにおいて、内側にこもった家族生活の理想をさらに固定していった。そのような理想は、若者クラブ、少女のためのグループ、そして市営プールやテニスコート、図書館や公民館といった幅広い余暇のための施設のような――すべて家庭の空間の外側に存在する――家族のためのサービスを提供していたかつての社会民主主義的な制度を損なってしまった。これらの制度は同時に、都市部における反性差別や反人種差別の活動を行うための、そして子供のあいだの階級分断を解消するための多くの機会を与えるものだった。

良い家政《グッド・ハウスキーピング》――家族の生政治

アナ・ダヴィン、キャサリン・ホールそしてレオノーラ・ダヴィドフのようなフェミニストの歴史家たちは、二〇〇年以上にわたる時代において母性と家族生活の政治につきまとってきた、階級、人種そしてセクシュアリティの絡まり合いを研究してきた（Davin 1978 ; Davidoff and Hall 2002）。その影響力ある仕事は、とりわけ、ヴィクトリア朝時代のミドルクラスの家族に付与されてきた模範としての地位を指摘し、「家庭の天使」とも呼ばれた、母に割り当てられた徳の高い母としての市民の役割を指摘してきた。今日のフェミニスト社会学者にとっては、フーコーと彼に影響を受けた学者の著作が、このフェミニズム的歴史を補遺し、歴史からの敷衍を可能にし、その結果、反復されたある一連のプロセスを、「社会的なものの誕生」および家族を管理する現代的な様式にとって中心的なものとして探究することが可能になっている。たとえば、無法で、過度に多産で、女性で、労働者階級で植民地的な身体を規律＝訓練することは、知の蓄積と組織化に加えて、女性の性的活動を抑制し支配するために設計されたさまざまな技術を実行する専門家の訓練を伴った。私たちがフーコーから学んだように、巨大な国家諸装置は、野蛮で逸脱的なセクシュアリティの増殖を核家族の単位で置き換えることで、人口の統治を行うために生まれてきた。そういったセクシュアリティのすべては、「両親の寝室」が欲望を満たすための聖別された空間として優位に立つことで、検閲されなければならなかったのである（Foucault 1987）。一九世紀フランスについて書くジャック・ドンズロは、この論旨に従って議論を展開し、新たな管理行政階級が、労働者階級の女性たちの無法な行状にいかに苦心したかを示している。そういった女性たちはいっぽうでは自分たち自身の赤ん坊をあまりに安易に国家の保護に任せて放棄してしまい、そのいっぽうで同時に、世話を任されたミドルクラスの子供たちには不完全もしくは不十分なケアを提供した。彼女たちはその子供たちの乳母となり、子供時代のあいだ面倒を見ることで給与を得ていたのだ（Donzelot 1979）。将来の支配階級に悪い習慣が教えこまれてしまうかもしれないという恐怖から、白人のミドルクラスの母自身に新たな地位と責任を付与するための措置が講じられることになり、そのことは実質的にそのような母親の役割を公式のものへと変え、彼女らと医療専門家との緊密な関係が促進された。彼女たちはこれ以降、「人類《レイス》の未来」を背負うことになる(18)。

フーコーもドンズロも、こういったプロセスに埋めこまれた帝国主義的な使命に注意を喚起することはないし、また植民地支配のプロセスを確かなものにするにあたって白人女性に付与された役割に注意を喚起することはない。また、両者は、女性向け雑誌という歴史的なジャンルが、この（植民地主義的な）教育・指導的な活動の普及のための起点となってきた事実に触れることもない。「助言コーナー」や「悩み相談」といったコーナーにおけるさまざまな技術を、白人のミドルクラスの若い女性の訓練の役割を果たしてきたものとして分析することによってそのことを指摘するのは、フェミニズム学者の仕事であった。そういったコーナーでは清潔さや衛生の習慣、そして良い家政《グッド・ハウスキーピング》にまつわるあらゆる問題に焦点が当てられるが、それは他ならぬ読者たちの階級的地位に従うかたちで拡張され、ファッション、美容、社交や求婚をめぐるさまざまな作法といったものを含みこんでいく。このジャンルは現代の女性誌や女性向けテレビ番組にフォーマットを提供しただけではなく、このインフォーマルな家庭内の個人的な教育の領域において、読むことと同様に見ることが中心にあると証明してみせもした。しかし、これらの形式が、階級とエスニシティの境線を引いて取り締まり《ポリシング》をし、白人ミドルクラスの読者のまなざしから不穏当な知識を検閲し、不適切な素材を取り除くような「分断の実践」として正確にはいかように機能したのかについては、疑問が残る。ここで私たちは、専門的な管理職の階級における重要人物として、つまり女性的な趣味と礼儀作法というこの領域の模範となりつつ同時にそれを監督する人物として、編集者というものが頭角を現すことを指摘できるだろう。さまざまな歴史家たちが指摘しているように、そういった雑誌のページの中に見いだされる、ファッション、裁縫、家事といったものの夢中にさせるような歓びは下層階級に注目されることとなり、労働者階級の少女や女性の欲望を人生における地位の問題から逸らせてミドルクラスの生活スタイルを模倣させる方向に向けるにあたって、大きな影響力をもったのだ（Bowlby 1985；Felski 1995；Walkowitz 1985）。このことは今度は、多くのさまざまな角度から緊張や不安を生み出した。多くの点で、労働者階級女性たちは教育の観点から自分たちに要求されたことをしているのだった――つまり、ある所定の限られた範囲内においてではあれ、上流の女性たちの作法や良い習慣を模倣することを。すぐに、彼女たちは自分たちの身の丈に合わない考えを抱き、美装に興味を向けて工場の現場の労働規律から逸れていってしまうのではないかと恐れられた。そして、キャロリン・スティードマンが彼女の名著『良い女のための風景』で示したように、こういった女性の快楽は社会の改良に向けた野心と、労働者階級の生活を抜け出したいという欲望を生み出しもしたのである（Steedman 1986）。

一九七〇年代中葉に行われたフーコーの生政治講義は、一九三〇年代初期にドイツのオルド自由主義者の著作によって展開されたネオリベラリズムの政治計画の一部としての良い家政にも注目している。たとえばレプケは家族を小企業もしくは事業《エンタープライズ》のようなやり方で経営されるものとして見たし、フーコーは家族において子供を人的資本とみなすようなモデルを「能力機械」と名づけた。フーコーの主張によれば、このような事業の概念はネオリベラル化の政治計画にとって中心的なものであり、もし私たちがこういった歴史的な事例を離れて現代へと目を向けるなら、リサ・アドキンスが説得力をもって示したように、家族を小企業とみなすことによって「ジェンダーの再因習化」のための新たな正当化の根拠が現れることが理解可能になる（Adkins 1999）。家族は、たとえそれが専業主婦の母とフルタイム労働者の父ということを意味するとしても、対等な者同士のパートナー関係となる。現代的な語法で言えば、そのような因習的な役割配置は、現代風のチーム的な意志決定――容易に覆すことが可能な意志決定――を反映しているのだ。

ふたたび、フーコーが人的資本に置く力点によって、ミドルクラスの生活の新たな規範がいかにして若い女性に向けられるのかの説明が可能になる。たとえば、成功した女性性の基準として、結婚、母となること、そして家庭生活へのより強度の高い投資が求められるようになる。このことは少なくとも、フルタイムの成功したキャリアと母親業を共存させるという考え方からの退却を認可するものであるし、それは専業《フルタイム》の母たちに新たな、より専門職業的な地位を与え、そのいっぽうで「集中的な母親業」についてのメディア上での広汎にわたる議論のための、そしてまた新たな市場（子連れ向けのコーヒー・ショップやいわゆる「ヤミー・マミーズ」〔富裕層の主婦たち〕のいわゆる「送り迎えファッション」の市場）の創造のための可能性を大きく開くものであった。そういった市場はまた、ジョギング・マシーンを兼ねるベビーカー、妊婦のためのセクシーな下着の品揃え、新たな、ファッション志向のより強い育児雑誌に加えて、一群のウェブサイトの組織にまで拡大していく。[19] こういった家庭生活の専門職業化は、家事のスキルや子育てを価値がありやりがいのあるものとして称揚することによって、家事を骨折り仕事として、子育てを退屈で終わりのないものとして非難してきた古いフェミニズムの主張を転倒させてしまう。経営状態の良い「企業としての家族」は、「母親業の集中化」を幼児や子供という人的資本への投資の様式として是認し、そのいっぽうで、専業の母親に起きると想定される地位の下落については、彼女はいまや子供たちの確固たるミドルクラスの地位を固めるためにその専門的なスキルを発揮するわけだから、相殺されてなきものにされてしまう。彼女は不平屋とはならないし、かといって彼女は、フェイ・ウェルドン（Weldon 1971）が辛辣に述べたように、「平凡な女性に身をやつす」こともないのだ。もちろん、専業の母たちがポピュラーなメディアに承認の根拠を見いだすような状況の前提として想定されているのは、彼女たちには高収入のパートナーがおり、そのために労働市場から足を洗うことができるということだ。新たな保守的フェミニズムに普及しているロジックのうちには、そのような女性たちは雇用に再参入するだろう、もしくは起業家となるだろう、なぜなら近年の女性の個人のアイデンティティそしてミドルクラスの地位は職業と経済活動に負っているのであり、ただ妻と母であることのみに負うことはないからだ、という期待が存在する。

（たとえばシェリル・サンドバーグの言葉によって）若い女性に語りかけられるものとしての現代のネオリベラルな言説は、結婚と子育てに向けて十分に計画を立てることの重要性を強調し、その計画はいまや、リベラル・フェミニズムの顔色をうかがう形で、自分の妻を対等の存在としてみなす準備のできた正しい種類のパートナーを見つけることも含んでいる。新たな母性的家族主義の〈装置《ディスポジティフ》〉は、上品なミドルクラス生活の拡大する規範と分かちがたく結びつけられているのだが、それは注意深い家計の計画、家庭崩壊を防止するための良好な自己統治、そしてミドルクラスの地位に上昇志向のライフスタイルを基盤とする新たな地平を設定するような母親業のさらなる専門職業化と軌を一にして、国家や生活保護への依存をしないこと、そして「すべてを手に入れる（have it all）」ことはできないとしても「すべてをする（do it all）」ことはできるような女性の世帯主、こういったものを必要とするのである。良い家政のやりがいについての語りには、いくぶんかのアイロニーとフェミニズム的な自意識が頻繁に伴われる。イギリスのポピュラーな出版メディアとテレビはこういった母親の変容についての討議場として機能する——きらきらと輝く視覚文化が、何度も何度も、毎日毎日、「産後の美容」の勝利だとか、「送り迎え」のための素敵な服装を見せるのだ。現代の女性は、着飾った幼児、すなわち「小さな私《ミニ・ミー》」がいないかぎり、「その名前」に値するものになれないのである。さらに進んで、現在、若い女性として文化的に通用するためには、はっとするほどスリムな体、手入れが行き届いてマニキュアをした外見、そして同じくらいに魅力的な赤ちゃんと夫といった多くの装身具を持った、「裕福でミドルクラス的な母性」の獲得が要請されてきていると言うこともできる。母親になったからといって、性的対象として磨き上げられた身体イメージという、女性としての成功の証明となったものを獲得する仕事を再開せよと駆り立て、説得するような社会権力の形態から自由になる束の間の休息期間を得られるわけではない。実際、その正反対である。ジョー・リトラーが指摘するように、若い母はいまやなんとしてでも「やぼったく」なる危険を避けねばならず、そのことは性的な魅力を保持するための長時間にわたるたえまない努力を必要とするのだ（Littler 2013）。妻と母の側で異性愛規範的な魅力を失わないために油断なく注意するよう強調することは、結婚相手への忠誠を、したがって家族の安定性を推進する機能を果たす、という指摘は、ほとんど自明にすぎるであろう。妻は、妊娠期間中とその後のすべての期間において高い魅力を保持することを期待されており、そのいっぽうで（こういった規範の非対称性を強調するためにもう一度述べておくと）そのようなしつこく繰り返される呼びかけが男性のパートナーに加えられることはないのである。母親であることの「ポストフェミニズム的な仮面」は、若い母親を、「徹底的な完全無欠さ」の約束によってもたらされる不安の領野におしとどめることによって、社会の支配構造を確定していくのである（Riviere 1926；McRobbie 2008）。この現代のきらきらと輝く女性性はその光を惜しみなく放っている――その重要性は女性誌のページをはるかに超え出て広がっているのだが、それというのも、そういった実践において問題となっているのは家族の新たなモラル・エコノミーの内部で作動させられている国家の問題だからである。

視覚メディアの統治性、母性そして「ネオリベラル・フェミニズム」

公共部門が骨抜きにされ、さまざまな家族への公共サービスがほとんど絶滅の水準まで縮小されると、家族というものが進み出て、自助をし、正しい種類の自己責任をその子供たちに教えこみ、同時にかつてであれば少なくとも部分的には国家によって負担されてきたであろうコストを金銭的に吸収することが求められる。ミドルクラスの家族は、一九世紀にそうであったように、より自足的で複雑な財政単位となり、ローン、遺贈、贈与そして債務引き受けといった形での依存と債務の広い網の目を必要とするようになる。これはまた社会的な多極化と、階級および人種による分断のプロセスを加速させ、そのような債務引き受けの役割を自分の家族が果たせない人びとを不利な状況に置く。加えて、ウルリッヒ・ベックが西洋社会の再帰的近代化についての理論で述べたことの逆転が起きる。その理論によれば、先行する時代における、第一の近代と結びつけられる家族とコミュニティの緊密な紐帯からしばしば遠く離れて、若者が独立して自活する自由を与えた、拡大する福祉主義的な事業（教育、社会サービス、公営住宅そして雇用関連の手当て）によって、現代の個人化が可能にされたのである（Beck 1986）。対照的に、現代の女性性の新たなジェンダー教育の体制において人格の計画的な育成がいま注目を浴びていることを考えると、こういった種類の家族という事業の成功を監督し差配する責任が、ふたたび専門家としての母の双肩にかかってくるのである。彼女は新たな「家庭の天使」であり、ドンズロが一九世紀後半フランスのミドルクラスの母の専門的な役割であるとしたものを果たしているのである。メディア上では、フェミニズム世代は自分たちのキャリアを優先し、子供たちをフルタイムの保育所へと「下請けに出し」て犠牲にしたのだ、というほのめかしの声が響いている。

驚くべきことではないが、そこでは仕事をしなくてすむ余裕のない女性たちに言及されることもなければ、いわんや母が唯一の稼ぎ手であるような膨大な数のひとり親家庭が言及されることもない――そのような女性たちは近年行われた公共の議論で姿を現すことはほとんどなかったのである。このことは黒人やエスニック・マイノリティの出自の女性にもあてはまることであり、その結果、母性についての議論はほとんど全面的に白人女性によって行われることになるのである。黒人の母性にまつわる現代政治の問題は、少なくともイギリスにおいては、学問の世界の外側ではほとんど不可視のままなのである（Phoenix 1991）。不況期に、家族は自らに対してもっと責任を負うように――つまりもっと進取の気性に富むように、そしてより広範囲にわたる社会民主主義的な政治の時代であれば国家によって負われていたはずのコストを進んで背負うように――強調されたのだが、それはかくしてネオリベラリズムの家庭内の領域における重要な側面となる。少なくともイギリスにおけるこの家族の自己責任化の仕事は、女性向けのマスメディアとポピュラー文化にゆだねられていることを、ここまで論じたし、この後の章で論じるつもりである。またいずれ明らかになるであろうが、イギリスにおいてはつまるところ、低収入の女性にとって仕事と雇用は家族よりも優先順位が高くならざるを得ないと示唆するつもりだ。

「視覚メディアの統治性」という言い回しを導入することによって、私はフーコーによって展開された、空間、まなざし、身体、人口と行動や活動の監視に注目する統治性の生政治的なモデルと、ジェンダーとメディアの具体的な次元とを結合したいと考えている。このことが第一に意味するのは、少女時代における女性性の獲得は、決して完全に達成されるものではなく、常にいくぶんかはその定着の地点から逸らされていく可能性がある――そしてその事実はひるがえって、規範的な女性性が実際に達成されることを確実にするために導入される、幅広い種類の規制的なメカニズムを説明してくれる――というジャクリーン・ローズによる精神分析的な説明へと回帰することであろう（Rose 1986）。ローズによるラカン派的な説明は、反復される凝視というプロセスを強調するものである。少女は常に、彼女の自己の感覚を確定してくれるような像を凝視しつづけ、それによってその自己の感覚の不確かさを抹消せねばならない。これに加えて、ジュディス・バトラーによるジェンダー・パフォーマティヴィティのクィア理論を、ローズの議論に取って代わったりそれを否定したりするものではなく、ジェンダー規範の創造、立案、そして反復的な強化を、架空のものではあるけれども社会習慣の中に制度的に埋めこまれており、異性愛の支配体制を確立し維持するために必要なものとして強調するような理論として提示することが可能かもしれない（Butler 1990）。そうすると女性性は、表面上は根源的で普遍的な分断をもたらし、西洋近代の時間と空間の内部において、国家のさまざまな官庁や巨大なメディア企業によってたえまなく生産され再生産されてきた実践として存在することになる。社会制度としての女子向けおよび女性向けの雑誌の歴史は、女性性がいかにして表面上はっきりと独立した空間として創造されたかということの卓越した事例となっている。そういった雑誌の空間は、女性の人生の年代区分を彼女たちに代わって描いてみせて、それと同時に一週間や一ヶ月といった時間を反復的でおなじみのものとして区切ってみせるものでもある[20]。まさにこのフォーマットが、オンライン・コミュニケーションの時代において拡大され、かつより強度の高い形で視覚化されているのである。インスタグラム、フェイスブック、そして『デイリー・メイル』紙の「女性のお便り」欄は、女性誌の伝統的なフォーマットを再生産し、また多くの意味でそれに取って代わって、いまや毎時間更新される画像イメージのたえまない供給源として利用可能となっており、そして近年においては魅力的で有名な若い女性が、妊娠中もしくは出産直後の段階で、彼女たちのスリムで、「正常に戻った」「出産後の」身体をさらけ出している写真を次々に見せるようになっている。女性の閲覧者たちは、少女時代の年齢を過ぎてもずっと、このような反復的な閲覧の様式へと誘われているのだ。

この権力の風景はデジタルメディアとソーシャルメディアの時代において強化され、より複雑なものになった。ネオリベラルな統治性が家庭内の領域に確固とした形で食いこみ、公と私、政治とエンターテインメントとのあいだのかつての境界線を侵食することで、その効果は強化されていった。そのような侵食は、ブレア政権時代には「ソファの上」で行われるインタビューを彼が好んだことに表現されたような「デイタイム・テレビ」〔九時から五時くらいまでのテレビの枠。メロドラマやトークショーで構成される〕の政治という居心地の良い空間を確立することでなされた。ドゥルーズは「コミュニケーション手段の支配」を生政治権力のもっとも強力な様式として記述した（Deleuze 1996）。現代のコミュニケーション空間の内部にあっては、ゴシップの垂れ流しが緊急性の高い問題と交差・一致し、「娯楽効果」がしばしば真に重大な問題を深刻に毀損し、矮小化させてしまうほどなのだ。さまざまな境界線が侵食され、道徳的な混乱が生じる。政治的な言説が、重要な登場人物の見た目、年齢もしくは性的魅力についてのくだらないコメントと切り離せなくなってしまう。同時に、社会民主主義の官僚制の時代（そこでは女性たちが舞台裏でこっそりとフェミニズムの政治目標を追求していた）を連想させるような、古めかしくより匿名的で形式的な政治的関与の様式は、いまやすべての活動を個人化せねばならない必要性に、つまり人が行うあらゆることに名前と顔を付与せねばならず、グローバルなメディアに全面的に晒される中で利潤化を行い、有名になったりフォロワーを得たり、「いいね」や「よくないね」を獲得したりする必要性に、取って代わられるのだ。効果的であるためには、公衆に晒されて、常に利用可能で非常に可視性が高くある必要があり、伝統的な政治活動の公共サービスの側面を切り下げてしまうような自己ブランド化や自己宣伝の諸様式もまた必要となるのである。人が公共の討論に参加したいなら、このエンターテインメントの領域に飛びこむしか選択肢はないように思えるのだ。いまや、この自己宣伝の要求を免除された日常生活と労働生活の側面はほとんど存在しない。近年浮上してきており、特定の人名やキャリアに即座に結びつけられるようになった、よりブランド化され個人化されたフェミニズムにとって、このことはさまざまな影響を持つ。主張するフェミニストは即座に識別可能な存在になった。過去においては「集団」で事足りていたのに対して、フェミニズムはいまや大いに個人の名の下に行われ、署名をされた活動になったのだ。

これが、サンドバーグの『リーン・イン』が出版され、カリフォルニアのフェイスブックの最高業務執行責任者（COO）という彼女の地位を根拠にこの本がほとんどの高級紙やテレビを席巻して圧倒的な注目を浴びた文脈である（Sandberg 2012）。この本は、リーン・インという言葉（恐れずに前に一歩踏み出すという意味〕を、出産育児が迫ってくる時点で仕事とキャリア・パスから心理的に離脱してしまわないようにという呼びかけとして、そしてより広く、仕事場にいる女性たちに対する、指導的な地位にいる人の近くに身を置いて認められやすくするようにという呼びかけとして使うことで、合衆国の多くの都市でいわゆる『リーン・イン』サークルを出現させたのだが、それはそのより明確にフェミニズム的な先駆者である、一九七〇年代の意識向上《コンシャスネス・レイジング》グループの幽霊のようなバージョンなのである。同様に、サンドバーグが行ったTEDトークは、ユーチューブで二四〇万回以上の再生数を誇った。[21] サンドバーグの著述の独特さは、合衆国のトップのビジネススクールやMBAプログラムと結びつけられるようなジャンルの読み物に、堂々とフェミニズム的な声を持ちこんだことにある。その手のジャンルは、そのような機関の高いステータスにもかかわらず、従来的な学問の、そしてそれを言うならルポルタージュ風の著述スタイルは避けて、楽しくて気分の上がるような挿話、役に立つ助言、法話、メンターに対する、そして著者をそのキャリアの上で助けてくれた人びとに対する感傷的な賛辞、そして富と権力を持った階級に属する有名な友人や知り合いの名前をこれ見よがしに連呼する——そしてそのすべては、彼女の雇用者に対してわずかにでも批判的であったり、不利益を与えたりを慎重に避けるようなフォーマットの中で書かれているのだ。ビジネスのハウツー本のフォーマットを採用することは確かに、自分たちをフェミニストだと定義し、長年にわたって何らかのフェミニズムの政治に参加してきたほとんどの女性の視点からすれば滑稽に近づくし、それゆえに『ガーディアン』のようなリベラル系の新聞や、他の世界中の同様の新聞やウェブサイトでは、この本に対して敵対的もしくは批判的な書評が掲載されたのである。

　女性が仕事の世界だけでなく、家庭生活でもいかにしてうまくやっていくかという問題に応用された、ビジネス世界由来の語彙が使われていることだけ見ても、企業的な価値観がどれだけ根本的に中心に置かれ、論争の余地もなく明白に見える地位を獲得したか、ということを示唆している。過去においては、リベラル・フェミニズムを含むほとんどすべてのフェミニズムの流派が、男性に支配されたビジネスの世界の文化に異議申し立てをすることに正当な大義を見いだしたのに対して、サンドバーグの場合にはそこにもはや正当性はないのである。サンドバーグの視点から見ると、フェミニズムが意味するのはこのビジネス文化を変えようとすることではなく、それに適応するためのより良い方法を探すことである。そして変化が提案される場合には、少なくとも労働者からより良いパフォーマンスを引き出すという条件がつけられ、その変化は常にビジネスにとっても良いものでなければならないのだ。サンドバーグの本が主張するもっとも重要な論点は、サンドバーグが働く組織の女性たちは、どれだけすばらしい資格を備えていても、子供を産む際に自分たちが遭遇するであろう困難を予期し、妊娠するタイミングに先んじて仕事から離脱し、しばらくの（とはいえ合衆国ではほんの数週間強の）休暇を取る傾向にあるというものだ。そうすることによって女性たちは、自分たちの地位を取り戻すチャンスや昇進の可能性をむざむざ危険に晒し、仕事と母親業をより自信と確信をもって両立させることへとうまく移行していく機会を危険に晒すのである。サンドバーグはそこで「一歩踏み出す《リーン・イン》」ことを主張し、そのことは今度は、企業生活という文脈において、いまだに不安や自信の欠如の兆候を示す女性たちを表すより広い比喩となっているのである。この本の多くの部分では、ジェンダーの社会心理学的な用語法で語られる、かつてのフェミニズム的な所見が繰り返される――女性たちは認められないことを恐れ、また攻撃的で女性的でないと見られることを恐れている、なぜなら人に好かれたいからだ、といったふうに。サンドバーグの忠告は、企業における男性の儀式的な結束だとか「おそろしい女」についてのステレオタイプに駆り立てられた根深い性差別主義を標的とするのではなく、「集中を切らさない」までいながら、微笑みといった（ジェンダー的に従順な）戦略を通じてそういった障害の裏をかく方法を見つけるべし、という典型的なものである。彼女のキャリアはハーヴァード大学にはじまり、世界銀行、合衆国財務省、マッキンゼー、グーグルそしてフェイスブックといった、合衆国でももっとも重要な会社や組織を経巡るものであったが、それは彼女が、世界でとは言わないまでも合衆国でもっとも力のある（そしてもっとも稼いでいる）ビジネスウーマンの一人だということを意味する。彼女が他の女性たちに身につけるべしと忠言しているのは、企業のゲームをもっと器用にこなしなさいということだ。それが意味するのは、「まだ準備ができていません」と言うのではなく、進んで新しい挑戦をすることであろうし、またそれは子育てのために離脱していたあいだに失われた地位や給与水準を再獲得するための踏み台になり得るという前提で、離脱していた期間の後に低い等級で労働市場に再参入する意志があることも意味するだろう。

サンドバーグは、自分の生まれがそれほど恵まれたものではないこと、そしてトップに登りつめるためにこの上ないハードワークと時間を費やしたことを強調して、彼女のリベラル・フェミニストとしての資格を示す。子供を産む前には、彼女はオフィスで一日一四時間以上働くことを常とし、そして子供を産んだ後はより短い労働時間で生産性をより高める方法も学んだとはいえ、彼女はいまだに、子供に読み聞かせをして寝かしつけた後にラップトップをふたたび開くのだと繰り返し語っている。彼女は働き者の母がいることによって子供たちが苦しめられてはいないと主張し、自分の子供にあまり会えないときには「悲しく思う」とも認め、そして夕食に間に合うように帰宅する最善の努力をしていると強調している（ただし彼女は買い出し、料理、掃除といった決まり仕事については触れないので、読者は彼女にはお手伝いさんがいるのだろうと推測するしかない）。「良い助け手」を持つことが不可欠であり、サンドバーグはごく近所に親類がいるという幸運な地位にもある。彼女は進んで家事と育児に参加するきちんとした夫を探すよう女性たちに忠告し、そしてまた、成功した母親業と「職場での成功」を両立させる方法を見つけようとするにあたっては、結婚と家庭という前線に「交渉戦略」を持ちこむべしと示唆する。このネオリベラリズムの世界の中心地にもたらされるリベラル・フェミニズムのメッセージとは、女性が子育ての早い時期においても経済的に活発でありつづけ、みごとな成功を収めることは可能だ、というものである。どうやって「一歩踏み出す」かを知っていれば、彼女たちはあきらめて敗北する必要はないのだ。

「国が提供する保育所」は言うまでもなく、「保育《デイ・ケア》」という言葉も『リーン・イン』を通じて登場することはない。サンドバーグの論調はポジティヴで明るく、元気を与えてくれ、彼女が心から女性たちの生活を改善したいと思っているという点で、心底フェミニズム的である。しかし、彼女の著作からは、非エリートの雇用を記述する語彙がまるまる抜け落ちている。その語彙とは、貧困や失業、育児の高いコストと低くなりがちな質、また白人の中流エリート女性が移民女性（その多くは生活費を稼ぐために自分たちの子供から引き離され、したがって自分たち自身は「上質な育児」を子供にほどこすことはできない）による低賃金の家事労働に依存していることなどだ。合衆国に女性のための有給の育児休暇は存在しないことや、雇用主が提供する託児所や保育所の必要については何も述べられないのだが、それはあたかも、それらに言及してしまうと企業文化とビジネスの世界を批判する方向にちょっと踏み出しすぎてしまうかのようだ。サンドバーグは地元のお隣さんだとか、自助的な保育といったことは一顧だにせず、その代わりに長時間労働をして企業の昇進の梯子を昇っていくことが頑なに述べられる。暗黙のうちにサンドバーグは、彼女自身に似ている若い女性、つまり名門大学に通う女性に向けて語っているのだ。つまり、彼女が語りかける相手はもっぱら、特権的で、ほとんどは白人であるミドルクラスの人口層だということである。サンドバーグがフェミニズムとして説明するものは、じつのところ同時に安定的なネオリベラル・フェミニズムとして発明されてもいるのであるが、それは相対的に選別された女性の層の既得の特権を守り強めることを存在意義とした政治的な勢力であり、とりわけ母となるにあたっての彼女たちの地位は、国家の退却とあらゆる公的支出の削減の時代にあって、以前よりもさらに大きな道徳的責任を負わされたものになっているのだ。それは根本的に脱政治化され飼い慣らされてしまったフェミニズムであり、その保守主義はそれが議論や対立からしりごみすることにもっとも明確に表れている。それが要求するのは、議論のテーブルに椅子を用意することだけなのだ。それが、ネオリベラル・フェミニズムの公の顔として現れたものなのである。サンドバーグ自身は、前財務長官のラリー・サマーズの研究助手に、そして後には親友となるというかたちで、大学時代の早い時期からずっと権力の中枢の近くにいつづけた人物である。彼女の物語は、あの通り個人的で自伝的な細部がちりばめられているものの、『レボリューショナリー・ロード』と、ベティ・フリーダンによって「名もなき問題」として暗黙的に提示された問題へのある種の答えとして見ることもできる。フェミニズムという言葉を、それが重要性がなくもはや必要なものではないと放置されていた長い期間の後に、家庭だけでなくビジネスの世界でもふたたび使用できるものとして堂々と取り戻すことによって、サンドバーグはアメリカで生まれ育ったものとしてのリベラル・フェミニズムを再発明し、企業的な環境の価値観にさらに十全に適合させたのだ。

新たな母性的＝女性的なものは、現在のネオリベラリズムのヘゲモニーにおいて二重の機能を果たしている。それは、リベラル・フェミニズムの諸原則を支持し拡張することで、女性と女性問題に対応するためのより先進的な方法を中道右派と中道左派に提供し、同時にそれは、平等の追求と家族への集団的な福祉供給を通じてフェミニズムとのあれほど緊密な連携を鍛え上げた、ラディカル民主主義的ならびに社会民主主義的な伝統の価値観を大衆の記憶から放逐する。この熱心なイデオロギー的活動が排除し忘却しようとするのは、学童保育、ユースクラブ、そして社会的な投資および公共善としての公金を利用したレジャー施設などの、社会化された子育てというまさにその可能性である。超富裕層の母たちが贅沢なライフスタイルを楽しんでいる様子を見せる画像の雨あられは、母親業という苦行に新たな形式の消費者の快楽主義を導入し、かつてのフェミニズムが苦役や面倒仕事と名づけたものから注意を逸らせる。遊びの約束やコーヒーショップでのおしゃべり、そしてジョギング用のベビーカーといった日常には、育児の苦行を緩和してみせる効果があるのだが、それはたとえそのトリクル・ダウン版であってもミドルクラスのヘゲモニーの新たな規範を復権させ、それに対してより恵まれていない家庭の人びとはただ自分たちが劣っているか不十分であると感じるか、そうでなければ十分に努力をしていないと非難されるかという状況を生み出している。ヴィクトリア朝時代には帝国の母としての市民の道徳的な高みであったものは、いまやおとらず道徳的なライフスタイルと消費文化の遊技場として鋳なおされるわけだが、その基礎となるのは正しい選択《チョイス》を行い、早い段階で正しい人生設計を採用する若い女性という人物像なのである。全体として、新たな変化を加えられたミドルクラスの権力と支配を、そして母性と家庭生活の白人中心的な理想を強化確定しようとする試みがなされるのだが、それは「視覚メディアの統治性」の一形式として収斂し明確な形をとったさまざまな言説の内部で確立された価値観のレパートリーによるものである。それはまた保守的フェミニズムの新たな思想が表面化することを可能にもするのだが、その思想は過去のリベラル・フェミニズムから大幅な借用を行い、規範的な女性性のプリズムを通じて階級的ならびに人種的な特権を保存することを基礎とする、ネオリベラルなリーダーシップ・

フェミニズムの輪郭を創造するのである。その規範的な女性性は、機会という名のメリトクラシー的な梯子を昇るのに必要なものを、歴史的にもっともな理由によって所有していない女性たちに対する処罰的な政策を正当化するものなのである。そのメリトクラシーの梯子は、いまや遺棄され素っ裸にされてしまった普遍的福祉という理念の代替物としても機能するのであるが(Littler 2017)。ブログ上での母性の美化といったことを通じて生まれた新たな家族主義は反フェミニズム的である。というのも、公共的な言説という観点において地平線のかなたに消えていってしまうのは、数十年前に北欧の社会民主主義政府が乗り出していったような路線での、フルタイムの保育や、登校前そして放課後の保育支援への国家による財政支援の可能性だからである。それとは裏腹に、住みこみの保母といった、見いだされるべき個人化された解決策は、最初から浮世離れしている企業のほんの数パーセントの女性たちにしか手に入らないものであり、そういった女性たちにとってはフェミニズムは単に女性の野心の同義語でしかないのである。

第2章
フェミニズムとレジリエンスの政治

フェミニズムからの収益？

フェミニズムのある概念像が採用され、受容され、消費者資本主義が歴史的に、規範的女性性(1)という枠組みの内部において女性を標的にする中、その必要と期待に合致するようにフェミニズムの概念像が作りかえられるメカニズムとはどのようなものだろうか？　フェミニズムはいかにして主流化されるのか？　#MeToo 時代のフェミニズムの影響力は、いかにして翻訳されてジェンダー化されたポピュラー文化の中心へと持ちこまれていくのか？　現代はその事例に事欠かない。ディオールの「私たちはみんなフェミニストにならなくちゃ」Tシャツから、ポップシンガー・ビヨンセの、「フェミニスト」という言葉が大書された有名な背景幕、そして読者にロンドンでの「ウィメンズ・マーチ」（二〇一九年一月一九日土曜日）に集まるよう推奨する『スタイリスト』誌にいたるまで。本章ではこの翻訳作業のいくぶんかを行っているとおぼしい、三つの相互に絡み合った要素に注目したい。その三つとは、まずライフスタイルと女性的な「良い生活《グッド・ライフ》」の領域に関わる〈完璧であること the perfect〉、そしてそういった理想の批判、そして理想からの逸脱へのいくらかの見通しを（注意深く確定された領域の中ではあれ）提示してくれる〈欠点もあること the imperfect〉、そして最後に回復と修繕のための、偏愛されるツールでありセラピー的な道具となる、〈レジリエンス resilience〔回復力、粘り強さ〕〉である。

ここ数年間、多くの重要なフェミニズム学者たちもまた、このフェミニズムの主流化のプロセスに応答することを余儀なくされてきた。たとえばサフ・バネット＝ワイザーは、それよりずっと前から「商品フェミニズム」の政治について議論してきた（Mukherjee and Banet-Weiser 2012）。バネット＝ワイザーは、その中で新たな時代のアクティヴィズムが認知され、それから複雑な操作を経てメディアとマスカルチャーの高度に可視的な空間へと取りこまれていくようなポピュラー・フェミニズムの潮流について、他の論者とともに言及してもいる（Banet-Weiser 2018；Bull and Allen 2018；Allen and Bull 2018；Gill and Orgad 2018；Rottenberg 2018；James 2015）。これらの相互に関係した用語——〈完璧であること－欠点もあること－レジリエンス〉（p－i－r）——は、フェミニズムの新たな時代によって突きつけられた挑戦に応答する行動の引き金となるものである。この三つ組みは、萌芽するさまざまなフェミニズムを統御するための〈装置《ディスポジティフ》〉を構成しているのだ。これらの用語はフェミニズムの新たな時代のさまざまな潮流や表現をしっかりととらえ、それらをより穏健な変化に向けた政治的目標へと変換していく。それらはポストフェミニズムの女性の個人主義的で、脱政治化された気風（およそ一九九七年から二〇〇七年あたりの）から生じたものである。そこにおいてフェミニズムは時代遅れでもはや必要とされていないものとしてしりぞけられたのだが、これらの用語によってそうした気風は、ジェンダー不平等についての政治的意識の新たな風潮に、より心地よく響き合うようなものに取って代わられた（McRobbie 2008）。フェミニズムはいまや順応させられ、社会的に意味があるものとして認知され、その点では新たな統治性の様式を生み出す勢力としてせり出してきている。このプロセスの進行の論理、つまり抵抗運動だったものが、適応可能なだけではなく、管理され支配され、それからアイデアやイノベーションの資源として所有されることもできるものへと変化した論理は、近年のさまざまな新たなフェミニズムで何が問題となっているのかを理解するのに、決定的に重要なものとして強調されてきた。

〈完璧であること〉は階級的なカテゴリーでもあるが、それはいまやフェミニズムという支柱によって支えられている。それは競争によって駆動されており、その競争は特権を保存し、「すべてを手に入れること」によって定義される上昇志向のライフスタイルの領域を定め、そのいっぽうでフェイスブックのCOOでフェミニストであるシェリル・サンドバーグに象徴される、ほぼ白人によって占められたアッパー・ミドルクラスの様相を描き、同時に特徴づけるものでもある。(2) また、黒人女性や有色人種の女性には招待状のみが出される〔機会のみが形式的に与えられる〕、というある種の力学が存在するが、これについては本章でこの後論じる。〈完璧であること〉の機能とは、女性たちにメリトクラシーにおいて成功するよう励まし、そのいっぽうで同時に競争を激化させ、常に分断線を引き直して確定させ、その結果どこまでも分断されてさまざまに色分けされたフェミニズムを生じさせることだ。そのフェミニズムは、もともとのリベラル・フェミニズムの目標と矛盾しないが、現在はネオリベラルな「リーダーシップ・フェミニズム」と呼べるかもしれないフェミニズムに、より緊密に接続されるものとも矛盾しない生活様式を定義しているのだ（Littler 2017 ; Rottenberg 2018も参照）。ここから考えると、〈欠点もあること〉は成功を強調しても、それには現実味がないことへの反応なのであるが、それもまたフェミニズム的な声に依存するものなのだ。つまりこの場合は失敗という観念に関わるような声、そしてまた失敗することが可能であり、欠点が許容され得るような経験の領域の輪郭にはっきりとした線を引くような声なのである。これが意味するのは、〈欠点もあること〉は〈完璧であること〉との二項対立的な関係にあるということであり、両者とも境界画定的な、そして非常に統制的な側面をもっているということである。〈レジリエンス〉は、臨床心理学においてははるかに長い歴史を持った観念だが、それは「立ち直り」メカニズムとして出現し、ポピュラー文化の領域に広くその表れを見いだすことができる（Rose and Lentzos 2015 ; Bracke 2016 ; Gill and Orgad 2018）。ロビン・ジェイムズは女性のポップミュージシャン、とりわけレディー・ガガとビヨンセに注目するのだが、この二人はいずれも加害――彼女たちの傷つけられた女性性を本質の部分で構成するとされる加害――がなされたことを告白するものの、ただしその加害は、ここでも具体的な境界の内側において、回復の可能性がある場所になされた害なのである。それとは対照的に、ジェイムズが同じく詳細に分析しているリアーナは、ジェイムズがメランコリーと名づけるものによって〈レジリエンス〉へのいくぶんかの抵抗を示している（James 2015）。

以下では私はこの三項目（p－i－r）が相互に絡み合った状態で機能する方法についての疑問を提示していく。ボルタンスキーとシャペロ（2005）がかつての社会運動との関連で主張しているように、ここで商業的に是認されるフェミニズムは現代の資本主義に養分を与えるために形作られ、配備されたものなのだろうか？　もしそうだとするなら、私たちはどうやってそのようなフェミニズムの収益性を計測し、その意味を理解することができるのだろうか？　フィットネスやレジリエンスのトレーニング方法を教授したり、はたまた自助マニュアル、オンラインの個別指導、そしてユーチューブ上のセミナーといった形を取る、商業的なベンチャー事業としてのさまざまなエンパワーメント・フェミニズムの隆盛をどう理解すべきだろうか？（Banet-Weiser 2018）

二〇一八年九月一九日に、右派の新聞である『デイリー・メイル』紙の見出しの一つに「完璧たるべしという圧力の恐ろしい代償」というものがあった。その記事は心理学者のナンシー・タッカーの著作に基づくもので、タッカーは、学問的な業績についてのプレッシャー、失敗への恐れ、自分を他人と比べつづけること、「努力の文化」の中で少女として成長した経験の全体といったさまざまな要因によって引き起こされた深刻な摂食障害を含む、彼女自身のメンタルヘルス問題を語った。タッカーは、一六歳から二四歳の若い女性の二六パーセントがメンタルヘルス問題を抱えており、六歳以上の少女たちが、学校で「高みを目指せ」と言われつづけている現在、「平均的」だとか「ふつう」になることを恐れて自己非難的になる傾向にあると示唆する、最近出版された報告書を参照している。タブロイド紙の紙面で行われるこういった種類の公的な討論においては、〈完璧であること〉の理念と、ティーンエイジの少女たちのメンタルヘルス不調の高い割合とのあいだに、相関関係が引かれている。〈完璧であること〉は熾烈な競争を基礎とし、必然的に女性のセレブリティや、すでに成功し裕福な人びとに焦点を当てるものであり、したがって、その直接の対象である、それによって苦しめられる範疇に入るように見える人びと（つまり『デイリー・メイル』紙の読者である、イングランドのミドルクラスの娘たち）のあいだに、そのような分断、孤立と失敗の強力な感覚を生み出す力なのである。近年〈完璧であること〉が際立った観念になっているのは、次のようなフェミニズムのメッセージによってそれが力をつけているからだ。すなわち、成功することがフェミニストとしての、自分のためそして他の女性たちのための一種の務めであり、新たな、もしくは萌芽的な形態のジェンダー化された市民性である、といったメッセージだ（Kanai 2017）。[3]〈完璧であること〉は女性の成功の輪郭を描いているが、そこではフェミニズムが道徳的原則を提供しているのである。（フェミニズムがそこに編みこまれた）〈完璧であること〉は苦しみを引き起こすものへと女性たちをしっかりと結びつけ、バーラントが「残酷な楽観主義」（Berlant 2011）と呼ぶものの一形式として働くのである。

私たちは現代のポピュラー文化を通して、女性の幸福の極致としての完璧な生活という幻想の称揚から、同じようにフェミニズムの痕跡をとどめつつも完璧であることの理想に対する不満を声にして、反対に〈欠点もあること〉を重視する必要があると主張する一連の番組（たとえばHBOのヒットシリーズである『GIRLS／ガールズ』）まで直接につながっていく連環をたどることができる。そこからさらに、〈完璧であること〉の観念によってもたらされる害を認めるけれども、〈レジリエンス〉の観念を通じて修繕と回復を目指すような、もう一つの作品の傾向が存在する。経験された苦しみの領域についての、そして生きるに値する人生を獲得するための内面の力という観点で必要とされるものについての物語や証言のさまざまな様式は、いまや多くの、女性向けの、また同時にフェミニズム的だと想定されるような商業的な事業の特徴となっている。セレブリティたちは、あたかも物語る行為が、カタルシスをもたらす回復のプロセスの一部分であるかのように、自らの哀しみや悲劇を滔々と語る。ここにある表面上のフェミニズム的な目的は、物語を共有することで、他の女性たちをエンパワーすることだ。多くのケースにおいて、セレブリティたちはさまざまな苦しみに対処しつつ、成功を手にしてきた。それはまるで、苦境が成功へのさらなる努力と決意のためのメカニズムとなるかのようである。ロビン・ジェイムズが示すように、これが、個人によって筋書きを書かれながらもいまでは共有のものとなった、レジリエンスと回復への道となるのである。

粗雑に言うなら、このことは、ある特殊な努力が行われれば、レディー・ガガやレナ・ダナムのようなセレブリティたちによって証明されたように、苦難や苦痛は最終的に「克服」できるだろうということを根拠に、女性たちがジェンダー不平等の苦境を予測し、それが要請する代償に慣れるための準備をさせてくれるものなのだろうか？(4)　このように、さまざまな要素の絡まり合いが、自己のある種の真実として理解されるとすると、それは何を意味するのだろうか？　これを、二項対立的なジェンダー体制がこれほどまでに揺り動かされ、異議を申し立てられているこの時代の局面においてジェンダーを、そしてこの場合は女性性を安定化させるための多くの戦略のうちの一つとして見ることは可能だろうか？〈ｐ－ｉ－ｒ〉は、ある種のフェミニズムの観念を、あたかも若い女性たちに助けの手を差し出すかのように流通させることを許すことで、現状を保守するものなのか？　またここでは、まさにこの〈完璧であること〉と〈欠点もあること〉の配置によって支持され、さらにそこに〈レジリエンス〉の訓練による支えが加えられる、自己性《セルフフッド》／少女性《ガールフッド》の普及した定義を保持することに、多くの力が注がれているというのも真実ではないか？　レジリエンスは、もっとも広い意味での社会的ケア、前の時代には実際のところ国家によって与えられていた形態のケア（カウンセリング教員、青少年ワーカー、青年期カウンセラーなど）の撤退を根拠とするものであり、それは今度は新たな種類の骨抜きにされたジェンダー的社会契約を、つまり中途半端なフェミニズム的理念を身に帯びることである程度の正当性を得ようとしている社会契約を、生じさせるものなのか？　これは、これらの〈ｐ－ｉ－ｒ〉供給へのアクセスによる、自己統治の一つのモデルの輪郭を定めるものであろう。そのようにして、フェミニズムはレジリエンス訓練の公式の教授法の一部となるのだ。女性をもっと強く、独立して、よりレジリエンスを高められるようにしよう、彼女たちがよりよく自分たちの生活を自分のものにできるように？　女性たちに指導者の地位に就くよう多くのアピールをすることで、競争の価値を教えこみ、自己責任化（これはぎこちない用語ではあるが、人びとに経済的に自立してやっていかせるという目的を示唆するものではある）を生み出そう？　このすべてが正しいとすれば、レジリエンス訓練を高度に政治的な帰結を伴う概念として、変化の重要な瞬間をしるしづけるものとして指摘することができる。

新自由主義が、進取の気性や競争を推奨し、具体的には自己責任的になり得る能力を獲得するよう個人に呼びかけるなら、以前は異質な価値の体系に晒されていただろう女性たちのあいだに、いかにしてそのような競争のエートスが吹きこまれているのか、という疑問が生じる。その価値の体系とはつまり、養育者や主婦、教師やケア提供者としての——たとえば、キャリアを積みたいという野心を自発的に抑圧して家族生活に適応しようとする、女性としての価値の体系のことである。もしくは、フェミニズムの運動の時代に、自分たちよりもさらに特権を奪われた他者たちと協働することにコミットし、すべての人たちに利益を与えるであろう施設や資源を改善することを目指した活動に時間を捧げていた女性としての価値の体系だ。戦後イギリスの社会民主主義は女性に、多くの場合は公共部門におけるケアの専門職、医療サービス、教職、ソーシャル・ワーク、育児、地方自治体などにおける就業の機会を提供した。自由市場と競争がそういった部門の原動力になったのは、（次の章でより深く考察するが）ニュー・パブリック・マネージメントが隆盛した後のことだった。では、ネオリベラリズムはいかにして、公共サービスの理念を会計監査や競争入札へとすげ替えるのか？　女性によるケア提供のエートスは、いかにして「卓越性《エクセレンス》」の追求に置き換えられるのか？

若い女性たちはいかにして、競争をするようより完全に訓練され得るのか？　フェミニズムがポピュラーな想像力の中に再導入されたとして、それはそのような変容を補助できるよう囲いこまれ得るのか？　フェミニズムは、若い女性たちが、より個人主義的になり、より起業家精神に富んだ人間になるよう推奨するにあたって利用できるものとなり、それによってフェミニズムは、社会批判として現代の資本主義にとって価値あるものになるのだろうか？（Boltanski and Chiapello 2005）おそらく驚くべきことではないが、ここで二つの、いずれもジェンダー体制の社会的再生産に歴史的に貢献してきた勢力が前面に躍り出る——教育と消費文化だ。この二つはフェミニズムの伝達の局面である。つまり、現代のフェミニズムが一般の人びとに提供され、手が届いて利用できることがすなわち批判として機能するような局面だ。

消費文化において、私たちは女性の仕事における、家族生活における、自己と身体における成功を中心とするような一群のテーマを見いだす。主要な雑誌の論説には、それを反映したジャンルの明確な変化がある。とりわけ仕事や雇用に関して、かつてよりも深刻な調子で論じられる。女性の抱く空想がライフスタイルと絡み合ったような場合、そして競争が内面に向けられた衝動として熱心に追求されるような場合に、〈完璧であること〉の理想がより明確に強調される。これは単なる自己改善やイメチェン文化ではなく、〈完璧であること〉へと結びつけられた道標に到達していくための、自己による、そして自己に対する競争なのだ。(5)完全に整えられた身体なしでは、うまく仕事をしても無意味だ。今日一日どれくらいのことを達成したか教えてくれる、フィットビット社の腕時計もある。〈完璧であること〉の概念は、平凡な日常生活のさまざまな局面に書きこまれたものとして、女性の競争というものの外形をくっきり示しているのである。それはポピュラーなメディアの個々の形態を特徴づけ、形作っている。それは美しい身体の問題だけではなく、レシピ通りに料理を作り、美しい見た目の食べ物を、ろうそくや際立ってスタイリッシュな食器でみごとに飾られたテーブルに配膳することができるかどうかの問題でもある。これらは女性自身の望ましさを高め、彼女を結婚と恋愛の市場においてより好適の存在にするためのアクセサリーなのである。テスコやウェイトローズのようなスーパーが配付するもっともありきたりの無料雑誌でさえも〈完璧であること〉を推奨しており、その概念はカラフルで魅力的な健康的食事というポピュラーな美学の中に書きこまれている。そういった雑誌が母親の読者層をターゲットにする場合、そこにはたいていは見栄えのするお弁当の準備に充てられたページがある――「子供たちが喜ぶお弁当一つ、それからあなたのためにも一つ」(『テスコ・マガジン』二〇一八年九月号)。ここで、競争的な女性性は家庭内の領域に居場所を見いだす――若い働く母親が、朝五時に起きてワークアウトをし(6)、フェミニズムに理解のある伴侶の助けを借りて子供たちのために健康的な朝食を準備し、仕事に出かけて行きながら昼食時の美容院の予約もし、夕方には忘れずに「作り置き」の料理をし、「時には自分に優しくすること」で「もっと穏やかに、もっと満足して」いることの必要を心に留めている。そんな人物像である(『テスコ・マガジン』二〇一八年九月号)。この新たな「家庭の天使」はまた同時に「取締役会入り」をする最初の女性となることを目指すのであり、このフォーマットにおいて〈完璧であること〉-女性であること〉の組み合わせは、自分自身と競争するという内面に向けられた衝動に頼って、フェミニズム的なリーダーシップの模範的様態を醸し出すものなのである。彼女は、友人たちや年下の同僚たちのロールモデルとなりつつ、それでも自分のための「時間を見つける」。黒人やアジア系の女性に対して、この新たなフェミニストのスタイルを採用した「家庭の天使」の隊列に加わるようにという呼びかけの効果が存在するとき、人種やエスニシティという要素を介して採用される境界画定の戦略についてよくよく考えてみてもいいかもしれない。[7] バネット＝ワイザーが「可視性のエコノミー」と呼ぶものは、メディア領域により多くの黒人モデルやタレントが単に存在することを、多様性の政治に目配りをしている身振りとして強調する。そのエコノミーにおいては、同時に黒人やアジア系の女性たちはあたかも招待状が出されたかのように歓迎されているのだが、その招待状には一つの条件がつけられている、というのはしっくり来る話なのである（Banet-Weiser 2018）。つまり、黒人もしくはアジア系の女性はただそこにいるだけで、とても感じよく、幸福感を醸し出さなければならないという条件だ（Kanai 2018 ; Ahmed 2010）。

この領域の広まりが、〈完璧であること〉が多様な人びとを歓迎して拡散しているということを示しているとしても、それに対する批判の空間もまたちゃんと割り当てられて存在している。〈欠点もあること〉が、よく使われる言い方では若い女性たちが「自らにかけている」圧力に対する中和剤として宣言されるのである。したがって、自己のテクノロジーとしての〈完璧であること〉は、再帰性への能力があることを示している〔一文前の「自らにかけている」は「put themselves under」の訳であり、そこには再帰代名詞が含まれている〕。〈欠点もあること〉はさらに新たな形式の「自己への配慮」を認可するわけだが、それはまた同時に、フェミニズムが公然と認められる空間ともなる――たとえば、職場でのハラスメントや街路でのミソジニー、肥満への晒し上げ《ファット・シェイミング》に見られる、もしくは広告における性差別に見られるミソジニーについての怒りやいらだちといった形で。このようにして、〈欠点もあること〉のさまざまな言説は、〈完璧であること〉がするよりもはるかにより十全に、フェミニズムの存在を正当化するのである。その言説はより円滑にしかるべき場所に収まる。〈欠点もあること〉は当然のことであるし、それは私たちがあるがままを「受け容れる」ことを可能にしてくれる、という言説が拡散している。女性は欠点も含めてありのままに、元気にやっていくことができる。「あなたの欠点を愛して」という言葉を、多くの広告板が女性たちに向かって叫んでいる。私たちはポピュラー文化におけるこれら二つのたがいに絡まりあった理想、つまり〈完璧であること〉と〈欠点もあること〉の変遷をたどることができる。それらは装置であり、決まりきった「自己のテクノロジー」であるのだが、同時に、不活発で白人に占められたミドルクラス性の、社会的な分断をもたらし、病理学的で、有害な規範でもあるのだ。(8)〈完璧であること〉は手入れの行き届いた身体、美しい空間、趣味の良い身のまわり品、そしてさまざまな刺激的アイデンティティといった一連のものを称揚するのだが、それらは居心地の良い家族と消費者志向の環境への所属の感覚も指し示している。〈完璧であること〉の理念のかなめは、ミドルクラスの未来の幻想なのだ。

労働者階級の女性たちは、ローレン・バーラントの言う「良い生活《グッド・ライフ》」を言外に夢見ているかもしれないが、〈完璧であること〉の観念は、エスニシティの境界を超えて、労働者階級女性たちによってそれほどあからさまに認められているわけではない。その明白な理由は、この完璧な生活の配置の基礎に、ある障壁効果と暴力的な意図が存在するからだ(Berlant 2008)。地位の指標としての〈完璧であること〉は、「ネオリベラル・フェミニスト」が自分たちを他者から差異化してその特権を保持することを可能にする。〈完璧であること〉は嫉妬と競争を呼びこみ、同時に社会的階梯の下の方にいる人たちにロールモデルを提供もする。そこでのメッセージとは、野心を抱け、ただし同時に身の程を知れ、というものだ。合衆国の高級紙における「すべてを手に入れること」をめぐる論争も、キャサリン・ロッテンバーグが詳しく考察したように(Rottenberg 2018)、この観点で見ることができる。ロッテンバーグが名づけるところのネオリベラル・フェミニズムは、いかにして、常に階級とエスニシティの区分線を引き、他のよりインクルーシヴで平等主義的な新たなフェミニズムから身を引いてそれ自身とは区別しながら、活気を獲得していくのか? ロッテンバーグがネオリベラル・フェミニズムという符丁を貼るものは、〈完璧であること〉を引き合いに出すことによって、それ自身を他の新たなフェミニズムから区分している。「すべてを手に入れること」というまさにその観念が、アッパー・ミドルクラスの白人のアイデンティティの表現だ——そのような欲望を表明することとはすなわち、潜在的に、そのような野望の実現に手が届くことに他ならないわけだ。それは、トップの仕事に就きながら、乳母もしくは少なくともオーペアを雇って、子供と時間をすごし、同時にまた夫もしくはパートナーとの円満な関係と広い交友関係を維持もしながら、ジョギングやジムを「予定に入れる」ことができるような水準の裕福さを想定している。(9)「すべてを手に入れること」の装いは、〈完璧であること〉の理念にぴったりとはまりこむのである。つまり、「すべてを手に入れること」という表現には攻撃的な意図も含まれている——それは、その表現がまず当てはまらないような人びとを排除し、軽視するように意図された境界画定の実践なのである。〈完璧であること〉は、女性の人生を裕福な女性として組織化する一つのあり方を指示するのだが、そのあり方のうちでは、一定の異性愛規範に従ったライフサイクルのさまざまな段階が実現され、称揚されていくのである。ただし、貧しい、もしくは恵まれない女性たちが単純に避けられたり、構図の外に押しやられたりということではない。境界画定の活動というものは、そのように作動するものではない。伝統的マスカルチャー（つまり、ハリウッドの立身出世ものが流行した時代のお涙頂戴のメロドラマ）と、現在ではフェミニズムの見識が入ったとおぼしい女性的マスカルチャーの両者における「残酷な楽観主義」の論理とは、ジェンダーのメリトクラシーという理念を肯定することなのだ。

〈完璧であること〉はまた、学歴の獲得という枠組みの中にも根を張り、花を咲かせている。そこでは教育装置が役割を果たす。こういった〈完璧であること〉を目指す主体は典型的に、大学卒業のレベルまで教育を受けているだけではなく、いわゆる一流大学出身なのである。〈完璧であること〉の学歴ポートフォリオ的な論理において大学教育が強みとなるときに、それはまた、たとえば地元の、もしくは評価の低い大学しか狙えないような女子たちを貶める、暴力的な裏付けを持つことになってくる。この文脈において、〈完璧であること〉は、過去数十年に学校や大学で起こった変化と節合されることになる——つまり、中等教育学校や大学を若い女性のための空間、成功が積極的に促進されるようないわゆる卓越性の領域にしていくような変化である。そのようなメリトクラシーの可能性――それは実際は、階級や人種によって不利を与えられた女性たちに、より深刻な不平等をもたらす可能性なのだが――は、測定可能な目標、個人のパフォーマンス、競争、そして徹底的な自己監視を前景化させるニュー・パブリック・マネージメントの言語の外套を身にまとった、上昇志向でミドルクラスの受益者の注目を集めることになる。良い子育てとはまた、女の子たちが優越性《エクセレンス》を獲得する手助けをすることを意味する。中等教育学校で良い成績を取り、「一流」大学へと進学することは、女性の成功のしるしとなったのだ。中等教育学校と高等教育の制度内にとどまれる若い女性たちと、そこから下に落ちこぼれる女性たちを区別する分断線が引かれている。そこから私たちは、教育の世界と消費文化の世界がいかに作用して、新たなポピュラー・フェミニズムの理念と節合し、それらが提供するものを変化させながらも、同時にこの変化のための潮流を支配しようとするのかを理解できる。『エル』や『グラツィア』のような女性誌は、かつてよりも女性のための専門職をはるかに擁護するようになっている(10)。それらの雑誌はまた、ジェイン・オースティンから女性参政権運動家《サフラジェット》、そしてフリーダ・カーロにいたるまでの多数のフェミニズムのヒロインたちを賞賛する特集を組む。過去数年のこれらの雑誌を詳しく研究してみれば、それ以前の時代のお決まりの風景とはかなり違うものが見られるであろう。

新たなフェミニズムのアクティヴィズムの形態が、政治意識、抗議、そしてジェンダー不平等に対する決然たる異議申し立ての波を生み出した。〈p-i-r〉はこの急速に変転する空間に介入していき、現代の資本主義により適応した一連の価値観を提案することで、性にまつわる公正に向けた政治目標に調整を加える。適切な学歴を身につけることによる高収入の職への志望は、消費文化へのアクセスを約束するものでもあるが、それはさらに女性の競争や地位の差別化といった序列を許す。とりわけ女性のファッション、美容、そしてさまざまなジャンルの女性向けのメディアといった消費文化は、「魔法のシステム」（Williams 1960）の一部でありつづけている。ボルタンスキーとシャペロの議論に従って、フェミニズムによる社会批判は、こういった手段によって資本主義経済を更新し再充填するために吸収されていくと言うこともできるだろう。それは、フェミニズムが革新《イノベーション》のための潜在的な資源であると提案することになるだろう。しかしこの点をさらに論じる前に、いくつかの重要な社会学的な疑問を提示しておく必要がある。こういったポピュラーなジャンルから、どのような種類の「フェミニズム」が生産され、それは読者や視聴者にどのように受容され、反応されているのか？[11] そしてファッションのトレンドと急速な回転によって支配された領域において、ポピュラー・フェミニズムはいかにして持続することができる、もしくはできないのか？ どの地点でそれは自身の限界に突き当たるのだろうか？ 莫大な利益をもたらす美容＝ファッション複合産業の中で、表面上は止めることができないように見える新たなフェミニズムの介入の波は、どこで、そしていつ中断されてしまうのだろうか？ どの地点でそれは息を止められ、相応の評価へと切り下げられるのだろうか？[12]

〈女性であること－完璧であること〉は現代の生政治の〈装置《ディスポジティフ》〉であり、ソーシャルメディアとポピュラー文化の日常的な水準においてほとんどたえまなく作動して、若い女性のローカル化され私的なものにされた空間に侵入し、早い年齢から彼女たちを、自分たちの身体について心配し、試験について心配する落ち着きのない生きものにするのである。つまり、〈完璧であること〉は、その人種的ならびに階級に基づいた排除の効果においてだけではなく、それが直接に許容可能な範囲内にいる人間を包摂するその行動においても、暴力的な意志を持っているということだ。こういった上昇志向の若い女性たちは、これまでに上昇の機会を得たがゆえに、そして「注意を向けられる／注意深い主体（subjects of attention）」になったゆえに、さらによりよくならねばならないと感じるよう、推奨されるのである。うわべ上は身体と自己がおたがいの内側へと折りこまれて、彼女たちは慢性的な不安の主体となる。一二歳や一三歳といった若さで自殺をするあまりにも多くの若い女性たちがいる。しばしば嘆き悲しむ親たちは、十分にかわいくなかったために娘は学校でいじめられたか除け者にされた、もしくは、インスタグラムの写真を見れば、まったくそんなことはないにもかかわらず、彼女は自分自身が醜いと考えていたと言うだろう（彼女の自殺は、成長に伴うその場限りのうつろいやすいむごたらしさに結びついているように見える。それに若者の自己認識や彼女の友人観やクラスメートに対する見方は、時間ごとにとは言わないまでも日ごとにうつろって変化していくものだ。だとすれば、親たちがそのひどい喪失にどうやって耐えるのだろうと、私はよく自問する）。[13] 私たちはほとんど毎日のように、世界中の学者の発見について読まされる――たとえばイギリスのティーンエイジの女子の二五パーセントは「臨床的に鬱病である」など。[14]

これは現実を誇張させるモラル・パニックなのだろうか？　心の病気が、今日の若い女性を寄せ集め、包括し、ラベルを貼り、プラットフォームに載せ、同一化させるようなものとなるような社会状況、つまりインスタグラム文化や美容＝ファッション複合産業の利用規約に関係するような症状を、過剰に臨床化する傾向が最近はあるのではないか？　校長たちはいかにして鬱を食い止め、いかにして「レジリエンス」を鍛えるかについての記事を書いたり、講演をしたりする。教師たちは、（おたがいに競争をするにあたって）多くの若い女性たちが自分を測るための、不健康なまでに高い基準に気づいているので、生徒たちに心配するなと言い、また自分たちの欠点を受け容れるよう推奨することで、〈完璧であること〉の暴政に抵抗する方法を探す。この〈完璧であること〉と表面上のその矯正策である〈欠点もあること〉という相互に絡み合った二つの病理はこのように、同時に機能するのだ――それらは、若い女性主体が自己認識をする手段なのである。それらはいまこの時に新たに始まりつつあるジェンダー化された世界を理解するための方法になっているのだ。〈完璧であること〉と〈欠点もあること〉は、主体性の明確な様式、「人格《キャラクター》」の形式へと凝固して、若い女性に自己同一性を持たせて「そう、これが私」と言わせている。そうすると、主権的な自己というある種の想定が、そしてそれに伴う自己責任の必要性が存在することになる。いっぽうで〈p‐i‐r〉は若い白人のミドルクラス女性に直接語りかけるように見えるが、他方ではそれははるかに広い人びとに届く力を持っている。女性的ポピュラー文化の世界で観察可能なのは、〈完璧であること〉の困難に直接に応答するかのように突然に生まれ出ずる、さまざまな声、声明、推奨、そして忠告だ。以下の私の議論では、そのような反復的な現象のうちの二つだけに注目するのだが、その議論の目的はそれらの力や影響についての何ら正確な主張をしようということでなければ、それらが代表的なものであるということでもない。そうではなく、その目的は、このはかなくうつろう女性たちの、乱雑に散らかった見慣れた風景の中で、それらが重要な位置を占めていると主張することだ。この二つの事例のいずれにおいても、ある種の切迫感、さらには危機感が存在し、そのためにレジリエンスの観念は、今日の若い女性にとって価値ある、重要で、有効なものになっている。レジリエンスは、ポピュラーなメディアと公衆衛生の言説が、若者の問題、この場合は今日の若い女性とメンタルヘルスの問題に影響を与えるにあたって、それらの言説を支配するようになるセラピー的な空間を彩っているのだ。

レジリエンスの政治

ブレネー・ブラウンの本『欠点という賜物』〔邦題は『「ネガティブな感情」の魔法』〕によれば、自分の欠点を認めることのセラピー的な価値について説得されたある若い女性が、「私の友達/家族/同僚が、完全な私の方が好きだとしたらどうするの……?」と尋ねたという(Brown 2010, p. 51)。ブラウンは心理学とソーシャル・ワークの訓練を受けており、その起業家的活動は多岐にわたる本や記事だけではなく、ブログやオンラインでの指導も含むのだが、彼女は恥の感情を、そしてより近年では〈完璧であること〉の圧力によって加えられる害を扱うことを専門とするセルフ・ヘルプのジャンルを代表する人物である。実際、〈完璧であること‐欠点もあること‐レジリエンス〉という三つの用語は、ブラウンのこの本で区分される領域にまさに一致している。これが『ニューヨーク・タイムズ』紙のベストセラーリストに載ったことは、本書がポップ心理学の本として広く訴える魅力を持っていることを証明している。ブラウンは、有害な影響を持ってきた幅広い情動、情意そして感情を長々と論じている。彼女がインタビューをする人たちの大多数は女性であり、典型的には忙しい母や妻である。ブラウンは、より広い社会・政治的な環境にはまったく焦点を当てず、個人に強い力点をおいて、苦しい感情としての恥、「もしくは私たちが欠点だらけで価値がないという経験」を強調する。そういった経験に含まれるのは、家が散らかっていることが暴露される、人前でのスピーチで失敗する、公共空間でだらしのない格好をしている、写りの悪い写真を他人に見られる、もしくは単に自分が十分にイケていないと感じるといったことである。しかしながら、そのような経験はブラウンが「恥のレジリエンス」と説明するさまざまなテクニックの助けによって対処することができる。つらい経験について語り、「それを切り抜けること」は、個人が自分の不完全さを認めるのに必要な勇気を育ててくれる。セルフ・ヘルプのジャンルのお約束として、ブラウンはたとえばＤＩＧ（慎重に、でもインスピレーションをもって、前に進め（get deliberate, get inspired, go））のような——しばしば単語の頭文字を並べた省略形での——助言を提示する。実践的に足を踏み出していくことの強調によって、私たちの欠点の中には、見いだされるべき賜物があると、ブラウンは示唆するのだ。「恥とは完璧主義の生まれ出ずる場所」であり、それは続いて鬱やさらには依存症といった多くの病理を引き起こすと彼女は書いている。ブラウンの主張によれば、完璧主義は、純然たる努力によって、自分を苦しみから守ることは可能だという間違った信念に基づいている。しかし、と彼女は続けて論じるが、完璧な生活という観念を追求することは逆効果である。それは、脆弱性を克服するどころか悪化させるし、苦しみを激化させる。レジリエンス訓練の最初の一歩は、欠点を受け容れられるようになることであり、それと同時に自己憐憫の価値を見いだし、最終的にはより強い自尊の感覚を獲得することである。そこでの狙いは、自分と他人を比べるのをやめて、自分自身の欠点を受け容れ、「失望に耐え」る方法を学び、助けを求めることの価値を理解し、そして最終的に自己防衛のための道を見いだすことである。

これは〈完璧であること〉という病理に対する保守的な反応であり、それはブラウンによれば他人に好意的に見られたいという内向的な衝動から生ずるものである。〈完璧であること〉の女性主体は、かなり漠然とした一連の困難に苦しみ、避けようもなく身体イメージや母親業について不安を抱き、自己に正直でいる方法を見つけるにはあまりにも忙しく、気を散らされている。この本の著者は彼女自身の神経衰弱、依存症、そこからの回復と親になることの経験について述べている。ブラウンは、彼女自身の苦闘はそれほどひどいものではなく、飲酒は彼女を「底を打つ」ところまでひきずり下ろすことはなく、彼女の逸脱的行動は、修士号を取った後はちょっと抑制すればいい何かであったと主張する。ブラウンは、彼女と彼女のパートナーは子供との時間と、楽しい創造的な活動にもっと集中するために、二人の専門職のキャリアを規模縮小することを検討したと述べている。彼女が言わんとしているのは、物質的な成功は幸せな生活を保障するものではないということだ。平易な文体で、ブラウンは女性たちに、自分にやさしくするよう促す。レジリエンスは、若者たちが失望に耐え、あまりにも大きな成功、あまりにも多くの愛と幸福、あまりにも多くの他人による是認をいつも期待しないでいることを手助けする役に立つ。ブラウンは何度か教育からドロップアウトし、二九歳でようやく修了したことに触れている。したがって、彼女はほとんどの人びとがTEDトークと結びつけて考えるような、企業リーダー風のスタイルの成功を体現する人物ではない。彼女は控えめで、いくぶんやる気のない、引退間近のセレブリティであるが、それにしても注意深く錬磨されたブランド・アイデンティティの一部としてそういった諸要素を組み合わせているのである。名前に「博士」がついているにもかかわらず、この著者は自分自身を見まごうかたなき成功者として提示することはせず、そのかぎりにおいて彼女は自分が擁護する「ふつう」の価値観を体現する存在なのであり、そしてそれはレジリエンスのテクニックと、自分の欠点を受け容れることによって学ぶことのできる価値観なのである。ブラウンは女性たちは単に「大丈夫」であればそれでよく、それが意味するのは「そこそこに良い」母親であることであり、完璧な身体を持とうとはせず、仕事量を、なんでもこなそうとするのではなく無理のない範囲にとどめ、家族生活を優先事項とするということだ。レジリエンスはここで、ワーク・ライフ・バランスのうちで家族を優先するスタンスを強化するために活用される。レジリエンスのテクニックは、女性たちが先鋭的なリーダーシップ・フェミニズムから後退し、それによって〈完璧であること〉からのプレッシャーを受ける、もしくはその「言いなりになる」ことなしに、女性としての自尊心を見いだす手助けをする。

『レッド』とレジリエンス

リベラル・フェミニズムからネオリベラル・フェミニズムへ、そしてまたその逆へのシフトに見えるもの――そこでは前者の方がおそらくより永続的なのだが――を追っていくことで、現在の新たな形のフェミニズムのアクティヴィズムが、社会の領野をまたいで、そして特に消費文化においていかにして影響を及ぼしていくのかという問題をめぐっての、一連の緊張や不確定性にいくらかの光を当てることができる。私たちは、〈p-i-r〉が、女性の歴史的な従属から生じてきた現代の諸問題に、支配的なジェンダー体制を解体したり、深いところで揺るがせたりしようとすることなしに応答するための語彙を供給することで、重要な役割を果たしていると仮定した。新たなフェミニスト・アクティヴィズムという観点での変化を、〈p-i-r〉は管理していると見ることができる。〈p-i-r〉は、私がネオリベラルなリーダーシップ・フェミニズムと呼んできたもの、そしてその先達たるリベラル・フェミニズムとは独立した、しかし節合もしている文化的＝セラピー的構成体である。もちろん、イギリスの視点からは、〈p－i－r〉が正確に、ポピュラー・フェミニズムのいかなる部分に政治的に結合しようとしているのかについての疑問が持ち上がる。それはここで答えるにはあまりに大きな疑問である。[15] その代わりに、ここで、二〇代後半から四〇代前半までの女性をターゲットにした中規模マーケットをイギリスで最先端で主導する女性誌である、『レッド』を見ることでこの探究をもう少し先に進めることができる。二〇一八年一〇月号は、『レッド』の二〇周年を祝うものになっており、そのためこの雑誌とその読者層の変化を評価する有用な情報源となっている。ここで重要なのは、この特定の雑誌が持っている何らかの代表的な地位を主張することでもなければ、詳細なテクストの分析を提示することでもない。私の目的は単に、いくつかの繰り返し現れる特徴を引き出すことである。この商業的な風景の中で、〈p－i－r〉には定位置があるだろうか？　フェミニズムも、その風景の中で話題となるのか、そして話題になることで存在を認められることがあるだろうか？　この雑誌は、それが主題としているフェミニズムの先触れとなり、それを宣言し、生み出すのに何らかの役割を果たすだろうか？　この雑誌の読者層は、パートナーと身を落ち着ける直前で、独身であり、仕事をしてパートナーを探そうとしているか、すでに家族生活に乗り出して、幼い子供、パートナーそしてキャリアを「巧みにさばこう」としている若い大人の女性であるようだ。ファッションと美容品に強い力点を置いたこの雑誌のターゲットの人口層はミドルクラス――向上心があるが、裕福とはいえない階層――である。私たちは、このターゲット市場のさらなる詳細を、広告、ファッションと美容の論説、ライフスタイル関連の製品記事、旅行特集などの正確な配列から読み取ることができるが、そのすべては、もちろん欲望や幻想のさまざまな要素で満たされてはいるものの（ソフィア・コッポラのベリーズの別荘など）、手が届くものであると決められている。もっとも重要なのは、雑誌全体を通して、非白人のモデル、セレブリティなどが存在していることだ。『レッド』は、近年の有色女性からのあれほどのはっきりした批判に直面して、多様性を重視する姿勢を示してみせているという点で、雑誌業界で他の雑誌と並ぶものである。全体を通して黒人、アジア系、そしてミックスレイスの女性が特集されている（表紙で予告されているのは、コリーヌ・ベイリー・レイ、ジョーン・アーマトレーディング、アマ・アサンテ、そしてミシャル・フサインの特集である）。最初の記事から、黒人のモデルが早速目立った扱いを受けている。そして一一頁の最初の美容品の広告は、白い肌だけではなく黒い肌のための（クリニークの）ファンデーションを扱うものである。このポピュラー文化の領土に有色女性を挿入する様式は、アーメッドであれば「幸福な多様性」と説明するであろうものを超え出ている――実際これは、祝祭的な多様性なのだ（Ahmed 2012）。ＢＡＭＥに含まれる人びとは、もはや過去の排除についての怒りを表明してはならない。この号が創刊二〇周年記念号であるという事実は、雑誌自体がそれ自身の歴史や変化をふり返る祝祭的なモードにあるということだ。『レッド』のこの号のさまざまな特集（ほとんどは、メディア、芸術、ビジネスなど専門職のキャリアで成功した有名な女性たちのインタビュー）に共通する縦糸は、女性たちに、自分たちをあまり大きなプレッシャーのもとに置くのではなく、ふつうの娯楽をもっと楽しむように勧めることである。それにあたって、これらの成功した女性たちの役割は、ロールモデルとして機能しつつ、ハリウッドの名声やセレブリティのライフスタイルの幻想的な性質に関して、美、幸福、ロマンスそして快楽の空想は奪うことなしに、読者を迷いから目覚めさせることである。この雑誌を通じて見えてくるのは、黒人女性の不在についてのブラック・フェミニズムの批判の一部を吸収し、完璧な身体と完璧な生活の過剰な強調についての不満に耳を傾けるしぐさをしながら、それと同時に特集されている製品やファッションともちろん結びつき、そしてこの企業全体が依存している広告収入をもたらしている、女性性の幻想は無傷のままにとどめるような筋道をいかにしてうまく進んでいくか、ということについての動揺と不確かさの感覚である。

これをうまくやる方法の一つは、両方の性質の実例に同時になるような具体的なタイプのセレブリティを前面に出すことだ――つまり、夢の生活をしつつ、同時に快楽のまやかしを暴露し、彼女自身の欠点と、レジリエンスのセラピー的テクニックのいくつかへの依存に人びとの注意を引くような人物である。この矛盾の関係は、表紙であざやかに表現されている――白人でブロンドのテレビアナウンサーであるファーン・コットン（ローリング・ストーンズのギタリスト、ロニー・ウッドの息子と結婚している）が、ピンクのチュールの夜会服、もしくはガーリッシュなパーティー用「フロック〔ドレス風のワンピース〕」を着て、エッフェル塔を背景にバルコニーに立っている全身像の写真が載っている。だがこれは、『ヴォーグ』風の緊張感のある写真ではなく、コットンが片方の手をバルコニーの手すりに乗せて、開けっぴろげに微笑んで、自然なポーズを取っている様子を示す写真である。これの数年前から、フェミニストたちに先導された「ピンクはぞっとする」キャンペーンが、そしてより最近では、オクスフォード通りのトップショップ店舗で、『フェミニストはピンクを着ない』と題された本を宣伝するために若いフェミニストたちが行ったイベントとアクティヴィズムがいかに広く喧伝されたかということを考えると、これは表紙の選択として無邪気なものだとはいいがたい。(16) 雑誌『レッド』はそれよりも年上の読者層を標的にしたものであるが、それにしてもその広告主たちが降りないですむような回路を保持したのである。そこから得られる収入なしでは、雑誌の未来は危うくなってしまうだろうから。誰にも疑念をおこさせないために、ピンクのチュール製の、床までの長さのパーティー・ドレスが援助にやってくる。雑誌の内側に折りこまれた特集セクションに、そこでのさまざまな著名な女性たち（ふたたびファーン・コットン、そして俳優のエマ・トンプソン）のインタビューに濃縮されて、ある一つのテーマが浮上するのだが、それは自分の欠点と折り合いをつけ、平凡な日常生活に慰藉を見いだすことの重要性である。コットンは「労働者階級の出自」を持っていることと、彼女の鬱との格闘について述べるし、いっぽうで脚本家で映画プロデューサーのリチャード・カーティスと結婚しているエマ・フロイドは、レッドカーペットの上を歩く夜よりも、友人たちとすごす晩の方が好きだと語る。これらの物語の中に、いまや逆境に対処するにあたっての常識《コモン・センス》の一部である、レジリエンスが入りこんでくる。このようにこの雑誌は、私たちが〈完璧であること〉と結びつけるようになった要素の集合体から、数歩退いたところに身を置いている。そのインタビュー対象が彼女たち自身成功のスポットライトを浴びているだけではなく、コットンの場合には、ロックスターの富豪名家に嫁いでいるにもかかわらず、である。そういう立場にもかかわらず、彼女たちがみな表明するのは、自分たちの欠点を認めながらも、完璧な生活という理念に照らして自分たちを判断しなければならないとは感じないでいる必要である。そのような形で、完璧な生活という理念からの撤退というこのテーマを中心に凝集していく編集上の効果というものがある。完璧な生活を求めるのではなく、私たちはあるがままの自分を愛することを学ばなければならない。ここにはある陳腐さがあり、多くの女性向けジャンルのあちこちで繰り返されてきたという意味でありふれた部分があるが、新たな緊急性が、若い女性たちのあいだに認められているメンタルヘルスの危機から生じている。ここに見えるのは、編集上の戦略としての〈p－i－r〉の採用であり、それは広告主がファッション・美容産業から手を引かないことを目的としているのである。エスノグラフィ的説明が存在しないので推測するしかないだろうが、このメディアのプロたちの環境においては、読者、視聴者、そして可能性のあるターゲット市場が、購買するにあたって何を求めているかについての蓄積された洞察のサプライ・チェーンが存在するのであろう。しばしばそれ自体、新たなフェミニズムの風景を調査し、そしてそれを株主たちにとって親しみやすい女性的な消費文化とより反りの合う形に作りかえるために、芸術、人文学、社会科学の学位を持った若い女性を雇うような、さまざまなリサーチ・エージェンシーに予算は配分されるだろう。

レジリエンス批判

社会科学とカルチュラル・スタディーズの学者たちは、レジリエンスの問題にどのようにアプローチしてきただろうか？　二つの際立った視点が浮上してきている。一つの視点はローズとレンツォスのもので、それはこの後見るようにレジリエンス批判について注意深さを促すものであり、もう一つの視点はフェミニズムの視点で、ポピュラー文化により大きな注意を向け、ネオリベラリズムの文化的価値観と、レジリエンスのテクニックとのあいだのつながりを示そうとするものである（Rose and Lentzos 2016）。(17) ニコラス・ローズとフィリッパ・レンツォスは挑発的な介入を行っている。二人は少々不満っぽい調子である。だがフーコーの権力と生政治についての著作、そしてローズが、彼が「先進《アドヴァンスト》リベラリズム」と呼ぶものに最初に徹底的に取り組んだ人の一人であるということの分野での立場を考えると、それは大目に見るべきであろう。二人が主張するのは、この一連のレジリエンスについての実践を、還元主義的に、ネオリベラリズムとおおざっぱに同一視してしまう傾向があるということだ。そのことによって「注意深い複雑な分析と評価を……」避けることになってしまい、「ネオリベラリズムは……現代の批判的社会科学において……批判のための万能の言葉に「なってしまい」」、ネオリベラリズムがいたるところに遍在する、何でも表現できる言葉となり、したがって社会学における陳腐な用語となるような「全体化する分析」につながってしまう。

ネオリベラリズムとは、イデオロギーなのか、教義なのか、政治プロジェクトなのか、戦略なのか、それとも時代なのか？　この用語が使われるとき、それは「実際に存在する」ネオリベラリズム――それは異なる文脈において、複雑で混淆的な形態を取る――のことを指しているのか、それともそれは解釈のための概念なのだろうか……もしくは、それは貧困や不遇を克服するために必要な大規模な構造改革に背を向け、そういった問題を市場、競争、そして私的な利益追求のなすがままに任せ、いっぽうで個々人に自前の起業家《アントレプレナー》となるか、さもなければ排除の薄暮の世界に追いやられるかを選ぶよう迫るような政策に当てはめられる、単なる批判のための用語なのだろうか？（Rose and Lentzos 2016, p. 19)

エリート学校での「人格《キャラクター》」を養成する訓練体制から、労働者階級の子供たちに吹きこまれる勤勉の概念にいたるまで、責任とレジリエンスは、現在の批判者が示唆するよりもはるかに長い期間にわたって、軍や治安維持の機関から災害対策にいたるまで、多岐にわたる社会的な組織において不可欠なものになってきた。ローズとレンツォスはまた、福祉と社会サービスの供給を切り下げ私営化《プライヴァタイゼーション》をする際の、ネオリベラリズムお気に入りの道具としてのレジリエンスに対する左派の批判は、福祉国家は官僚主義的であり、草の根の人びとを見捨てており、社会の支配のメカニズムとなっているという、左派から展開された一九七〇年代から一九九〇年代の猛烈な批判を見逃しているとも指摘している。二人はさらに、市民性の概念と同時に、レジリエンスという思想が福祉国家の発展の一部でありつづけたことを読者に念押ししている(Riley 1992も参照)。以前の良い原理が、悪い原理に取って代わられた、という話ではないのだ。こういった警告の言葉はおそらく、フェミニスト・カルチュラル・スタディーズの学者があまりにも性急な結論を出そうとする傾向に対する有用な修正となることは確かではある。[18] しかしフェミニスト・カルチュラル・スタディーズは多くの場合、緊急性の感覚、そしてより広汎にわたる学問的探究のための枠組みとして、現在の生活の状況についてのある種の診断を下すことへのコミットメントによって駆動されている。私たちの研究は、いまここで起こっていることに注意を引きつけるために、さまざまなつながりを強調して作り出したいという願いのもと、仮のものとして行われることが多いのである。こういった種類の研究は、スチュアート・ホールによって確立された、見た目の上ではばらばらの要素を寄せ集めることで状況分析を試み、節合の効果によってイデオロギー的なパターンがいかにして収斂するのかを示し、新たな意味の政治を生み出すという研究のモデルにより親和的である。ローズとレンツォスはレジリエンス訓練の歴史的特徴のいくつかに細心の注意を向けるが、二人は今日のポピュラーなメディア内部でのその位置を考えることをしていない。また二人は、具体的なジェンダーの力学や、消費文化における決定的なテーマとしてのレジリエンス訓練の現在における重要性に取り組むことはしていない。

さてそうすると、〈p-i-r〉は、女性向けポップカルチャーの日常的なあれこれの中に導入され、しっかりと定着させられて、新たなアクティヴィズム的フェミニズムから、現代の資本主義とその消費文化の基底に埋めこまれた権力関係への翻訳において、ある役割を果たすのである。〈p-i-r〉はフェミニズムと資本主義とのあいだの亀裂を橋渡しし、口当たりがよく広告主を尻ごみさせないような何かを届けてくれるのだ。ギルとオーガッドは、女性を対象としたレジリエンスのテクニックは、二〇〇八年の金融危機の後の厳しい経済状況への応答でもあると指摘している（Gill and Orgad 2018）。したがってレジリエンスは、緊縮経済がさらなる不況を防ぐための唯一の可能な道だと政府が公衆に提示するその方法と結びつけられる。それゆえ女性たちはストレスと不確定性に対処する女性ならではの方法を見つけなければならず、適応し順応することを覚えなくてはならない。(19) 自信《コンフィデンス》を身につけるトレーニングのためのアプリの普及はまた、ジェンダー不平等の社会的効果を管理・監督する私営化された方法の輪郭を示すものである。ギルとオーガッドは、家族生活や仕事の困難から「持ち直す」方法を見つけるよう女性に推奨する多くの声を引用している（Gill and Orgad 2018）。彼女たちが読む雑誌は読者たちに「完璧になるのをあきらめ」て、その代わりにレジリエンスを身につけることに傾注するよう推奨する。『マリ・クレール』のような雑誌は、自信《コンフィデンス》のテクニック、自己改善ワークショップ／セミナーの助けを借りて、読者たちがいかにして経済的不安定性の風潮の中を渡っていくかということを示唆する。ポピュラー・フェミニズムは、女性たちのジェンダーの位置に起因する不平等とその帰結（インポスター症候群〔自分が実力に見合わない成功を得た詐欺師《インポスター》であると考えてしまうこと〕など）に対して女性たちの注意を喚起するかもしれないが、そこにはレジリエンスのテクニックが用意されていて、この不利な立場に対処するにあたって役立ってくれるのだ。かくして、「心理学的転回」は、ギルとオーガッドの理解によれば、認識されたジェンダー不公正から生じる政治的怒りという観念を否認しつつ、レジリエンスのテクニックに訴えるような、女性の主体性についての規範を現代のネオリベラルな社会が設定する方法の一部なのである。

ここで提示する議論においては、レジリエンスにはもっと両面価値的な役割が与えられる——確かにそれは、新たなフェミニズムの政治に必要とされる集団主義的で組織的なエネルギーの代替品となる——そしてそれは実際さらに以前の、もっとケアを中心とするような体制の代替品、基本的に福祉の代替品として機能する——が、より具体的に、それは聴衆や読者を、ハードなネオリベラル・リーダーシップ・フェミニズムという崖っぷちから撤退させ、よりなじみの深いリベラル・フェミニズムの領域へと回帰させる。そこではワーク・ライフ・バランスの必要が、皮肉にも、有給の雇用の領域、とりわけ企業の世界における、あまり変化のないジェンダーのヒエラルキーをもたらすのである。かくしてレジリエンスはすべてを包含する用語となり、複数の機能をもった、代替の論理に基づく用語となる。その代替の論理とはまず、福祉の解体の結果、女性たちには失われてしまったいくつかの物事の代替となるという論理である。そしてそれは同時に新たなフェミニズムのような現存の現象を、その影響力の場を完全に解体することなく、しかしじりじりと押しやってそれに取って代わるという乗っ取りの論理でもある。それはあたかも、その収益性の条件に投機し、もし強いられればリベラル・フェミニズムのある変奏を、ジェンダー体制の管理可能な変化のための勢力として容認するかのようである。社会の領域がそれ自身を不安と不確定性という観点で定義するようになるにつれて、そして他人に依存することは恥ずべきことだと見られるときに、レジリエンスの必要性は私たちの日常的な常識《コモン・センス》の一部となり、それは私たちをその「利用条件」に縛りつけつつそれに折り合いをつけさせる。このポピュラーな真実は、あらゆる真実と同様に、ある種の避けがたいものになって、それ以外のやり方で考えたり行動したりする私たちの能力を縮減させる力を持っている。そういった語彙はあまりにも広く流通しているので、私たちは気づいてみればそれらを、疑ったり拒絶したりしながらも、取り上げて利用しているのである。

「統制的な規範の暴力」（Butler 1997）

ここまでのところ、本書のレジリエンス批判は、それが資本主義を肯定するためのセラピー装置としての役割をもっていることを軸としてきた。その装置は、広まるジェンダー不平等の結果女性たちにもたらされた苦難をケアしつつも結局は再生産するものであり、またリスク、不確定性、不安定性《プレカリティ》の時代としての現代生活の具体的な布置に由来するものである。〈p-i-r〉もまた、フェミニズムのアクティヴィズムの新たな波に由来する革新の要素を、女性向け消費文化に注入するような、補充的要素として理解することができる。〈p-i-r〉はこういった状況でポピュラー文化に広まり、新たなフェミニズムによって突きつけられたより根本的な脅威を緩和し、その怒りの声のいくぶんかをかすめ取りながらもその座を奪い取ってしまうのだ。それは口実的な役割を負って、ネオリベラルなリーダーシップ・フェミニズムの過剰な競争から逃げ出してリベラル・フェミニズムへと回帰する道を提案しているようである。しかし、結論として、この女性たちに向けられた文化的規範の布置を、より精神分析的な視点で考察した場合、それはどのような意味を持つだろうか？　ポピュラー文化はその定義上、単純化された、飲みこみやすいメッセージの場である。エンターテインメント的な様式においてはそれは快楽と享楽をかきたて、その日の深刻な問題からの逃避を与えるか、そうでなければ簡潔で安心感を与えてくれるような忠告を提示する。読者や聴衆により複雑なジェンダー・セクシュアリティの理解を、もしくはより洗練された美学を提示することができないことについてポピュラー文化を批判することはできないとしても、〈p－i－r〉の表面上の魅力について、そしてそれがどうして今日の女性向けポピュラー文化の本質的な特徴になっているのかについて、さらなる洞察を与えることはおそらくできるだろう。私たちが自己叱責に執着すること、そしていっぽうでは損害を癒やそうとしつつも、自己叱責の活動を保持し永続化する諸ジャンルに執着することの根拠は何だろうか？

精神分析家で著述家のアダム・フィリップスは、『ロンドン・レヴュー・オヴ・ブックス』誌（二〇一五年三月五日号）で、現代社会における自己叱責の蔓延について考察している。彼は、私たちはみな両面価値的な存在だと思い出させる。それが意味するのは、自分自身も含め、私たちにとって大事なものや人との関係において、愛と憎しみは絡まり合って相並んで存在するということだ。これは、誰かもしくは何かについて単に「複雑な感情」を抱くのとは異なる。私たちが両面的な感情を抱く対象こそ、重要なものなのだ。「自己嫌悪あるところに自己愛もある」。自己叱責の源はフロイト的な超自我である――「自己批判は私たちのもっとも不快な――もっともサドマゾキスティックな……自己愛の方法であり得る」(Phillips 2015, p. 13)。女性向けポップカルチャーのさまざまなジャンルと同様に、超自我はそのレパートリーが狭く限られていることを特徴とする。それはいつも同じことを言い、同じ告発を私たちにもたらす「壊れたレコード」のようであり、「退屈で残虐」である――それはあいかわらずの同じ欠点について私たちを非難し、それをするにあたってより広い不満の感覚を容赦なく伝えるのだ。しかし私たちはこの自己反訴のプロセスを気に入っており、それに惹きつけられる。そしておそらくこのことが、欲望をかきたてて心的生活のこの〔自己叱責という〕部分を起動することを本分とするように見えるメディアの(セルフ・ヘルプ的な)ジャンルに、私たちが執着する理由を説明してくれるだろう。フィリップスは、フロイト初期の著作における良心の概念は、のちに超自我へと変容し、そこにおいて私たちの怒りと復讐への欲望が、殺人的な意図を心に抱いたことに対する非難として私たち自身へと向けられるのだと私たちに念を押す――「私たちは自己非難を通じて自分たち自身を殺す……私たちは自分の人格を……容赦ない暴力によってずたずたに切り刻む……私たちは自己認識を磨くというよりは、曇らせてしまう方法で自分たちに審議なしの判決を下すのだ」(Phillips 2015, p. 14)。これは、男性よりは攻撃性が少ないというステレオタイプを歴史的に与えられてきた、家庭内の調停者にして「家庭の天使」たる女性たちに、より大きく当てはまるのだろう。超自我はまた、「私たちは正気を失うところまで行くかもしれない」という恐れを私たちに抱かせる。それはあまりにも強力であり、私たちを独我論的で社会的なやりとりのできない人間にしてしまい、私たちはますます孤立して孤独になる。そしてフィリップスは問う――「私たちはどうして、自分たち自身の自己嫌悪によってここまで魅惑されているのだろうか？」（Phillips 2015, p. 15）。

以上を念頭に置きつつ、ここで足を止めて、〈p‐i‐r〉がいかにして女性たちにとっての文化的な了解可能性の地平として確立されたのかを考えてみることもできる。それが、かくも多くのメディアとソーシャルメディアの場に遍在することとは、〈p‐i‐r〉が女性の不満を理解するための支配的な参照枠になっていることを意味する。〈p‐i‐r〉はいとも簡単に超自我の空間へと入りこみ、それによって社会的なものと心的なものとのあいだの結合を起動し、それを浮き彫りにすると推測することもできる。フィリップスは、超自我は魔法のように働き、催眠性の効果を持っていると考えている。それは教義《ドグマ》になる。私たちはそれに苛まれる。私たちは、その力を恐れ、私たちの真の姿を知れというその表向きの主張を恐れながら超自我とともに生きていく。その親密な声は（それはやはり女性誌のフォーマットにおいて模倣されるが）私たちのことがよく分かっているとささやく。「自己批判は禁じられた快楽だ――私たちは、それが苦しみを与えてくれるのを味わっているようだ」（Phillips 2015, p. 14）。そこから私たちの両面的な感情が生じる――私たちは、それから自由になりたいと望みつつも、そしてフィリップスが「基準」と呼ぶ、それが押しつけてくる声に反駁しつつも、そういった親密なささやき声のとりこになるのだ。〈ｐ－ｉ－ｒ〉の魅力とは、この私的で親密な声で語れることだ。それはずっと、女性誌というジャンルの特別な効果でありつづけた。一七歳の少女が「今年は学校でがんばって、一流大学に入るのに必要なAレヴェル〔イギリスの大学入学資格試験〕の成績を取って、両親に褒められて、それから毎朝学校に行く前にランニングに行ってダイエットをして、私が混血で他のクラスメートよりも野心家だからっていじめられたときに、それに対処してそれで傷つかないようにするために、レジリエンスを学ばないと」と自分に言い聞かせるとして、そういうことを言うときに、彼女は雑誌やポピュラー文学を読んでいて見つけた忠告に耳を傾けていると主張できるだろうし、またそれは、その約束を守るのが難しく、自分の期待に背いているのではないかという想念に苦しんでいるときに、彼女を裏から苦しめている超自我の中へと暗号化されていると主張もできるだろう。

フィリップスは〈ｐ－ｉ－ｒ〉を精神分析的な観点で考えるための有用な方法を与えてくれるし、彼はジェンダーに注目するわけではないものの、最近のさまざまな著作でのバトラーと同じように、心理の形成に対する社会歴史的な環境と同時に、文化的な規範の影響を論じるがゆえに、ジェンダーの方向に議論を進める余地が彼の議論にはある。これによって私たちは、個人化と「自己責任」がこれほどまでに重視され、依存することが恥ずべきことになっている現代について考えることが可能になるだろう。そしてフィリップスが自己叱責について語り、私たちはどうして自己嫌悪にかくも魅惑されるのかと尋ねるとき、自己嫌悪に陥りがちなのは若い女性であるとフェミニストは指摘するだろう。そして自己批判という禁じられた快楽を育成するという話題となれば、ポピュラー文化がいかにその仕事を進んでやっているかを理解するのは簡単だろう。それが私たちの不満の理由と、それを克服する方法を知らせてくれているように見えるのであれば。そうするとまた、女性誌というジャンルは、歴史的にその男性版が存在しない形式となっているのだから、私たちは消費文化の中心にあるジェンダーの非対称性を忘れないようにする必要がある。それゆえに消費文化は女性性の生産のための、比肩するもののない特権的な空間となる。フィリップスは超自我を嫌悪に満ちた教義、父性的な権威、そしてもちろん厳しい審判の源と考えている——この心的な力が、美容＝ファッション複合産業に、広告に、そして規範的な女性性を「作りあげること《メイキング・アップ》」にそれ自身を歴史的にあけわたしてきた消費文化の空間に、肥沃な土地を見いだすだろうと推測するのにそれほどの社会学的な努力は必要としまい。そうすると、超自我の形成《メイク・アップ》は、私たちを取り囲む文化に広まったポピュラーな道徳に依存しているのだ。フィリップスは超自我が私たちを萎縮させ、共犯関係に持ちこむさまを説明している——超自我が私たちのことをよく知っているゆえになおさらそうなるのであり、「自己批判は禁じられた快楽である」ゆえにそうなのだ[20]。このすべてが意味するのは、私たちは失敗していると感じる（十分な力がなく、十分に完璧ではなく、十分な速度でダイエットができていない）そのいっぽうで、フィリップスが名づけるところのそういった「基準」の出所を考えてみる能力を失っているということだ。そういった期待や要求がいかにして生まれているのかと問う力が、どんどん失われているようなのだ。私たちの批判的な声は押し殺されている。これはまさに、私たちが自分で期待したことなのだと。

精神分析の実践は、超自我による従順な主体への呼びかけの流れを引き裂き、押しとどめることのできる、他に類を見ない方法であろう。フィリップスによれば、精神分析は他の多様な視点、自己を理解する他の方法を提示すること――それはもちろん、患者と対面した際の分析家の仕事なわけであるが――によってそれができるのだ。私たちが自分の内面の心的風景に刻みこまれたこの権力の地平にしがみつくのは、それが一種の安心・安全を与えてくれるからにすぎないとフィリップスは主張する。それはかくも冗長で、かくも絶望的に退屈であるがゆえに頼りになると思われてしまうのだ。フィリップスはこのエッセイを通じてハムレットとドン・キホーテ（いずれもフロイトのお気に入り）を一貫して参照することによって、精神分析に加えて偉大な文学もまた介入のための力になり得て、超自我の要塞を破ることができると示唆しているようである。そうすると、いくつかの場合は除いて、ポピュラー文化の役割はおなじみの順応的な語彙のレパートリーから素材を吸い上げて、あとは部分的にちょっとしたひねりを導入し、実社会で起こっていることに合致するような変更を加えて、今時っぽく見えるようにすることだと言えるかもしれない[21]。しかし、もし私たちが、この訓告の大きな声を理解しつつそれを追い払い、同時に一貫した、自立的で、自己充足的な主体性のまさにその概念に異議を唱える方法としてアダム・フィリップスが追求しているような複雑性を目指すなら、多くのセルフ・ヘルプのジャンルへと翻訳されたポジティヴ心理学による手早い修繕ではなく、芸術や文学、もしくは精神分析の実践に向かうべきだろう。しかしそれでは、ミドルクラスの良い教育を受けた若い女性が避けようもなく有利にならないだろうか？　それでは、特権のより少ない女性たちはビヨンセからレディー・ガガまでのポップカルチャーのレジリエンスについての助言に晒されるままになる。[22]凡庸なる〈p－i－r〉に対抗する芸術、文学そして臨床的な実践の解釈力と複雑化の力という点に関しては、確かにアダム・フィリップスのエッセイは多くの疑問を喚起する。それでも彼のエッセイは以下の二点で有益である。一つはそれが精神分析を構図の中に再導入しているからであるが、それだけでなく、〈p－i－r〉の常識《コモン・センス》に訴えるような魅力や、〈p－i－r〉がとりわけ単純化され統一化された自己の感覚を肯定すること、そしてそれが現状への適応と順応を推奨することに対して、根本的な異議申し立てをしているからでもある。

いくつかの結論

二〇〇〇年代の前半、現在とは違ってフェミニズムとLGBTQ政治の両方に対する広い拒絶が存在していた文脈において、そして女性の障害、とりわけ病気に関連する身体イメージの可視性がかなり突出していた状況において、以上のような問題のいくつかが私の社会学的な射程の中に入っていた。私は、異性愛的メランコリア、そして怒りについてのバトラーの精神分析的関心を参照しつつ、この領域を女性のメランコリアとして探究した。私は広範囲にわたる身体についての不安をポストフェミニズム的障害《ディスオーダー》と名づけたが、それは若い女性たちの側に、彼女たちの「不満」は何らかの形でジェンダー体制の不公正とつながっているという意識があることを根拠にしていた。つまり私は若い女性たちにはジェンダー意識があると主張したわけだが、ただし彼女たちは、フェミニズムが拒絶され、さらには不快で唾棄すべきものとみなされていた文脈において、女子《ガール》として、女性文化の中で了解可能な存在になるために、この意識を否定もしくは抑圧したとも私は主張したのだ。バジェオンも、摂食障害があまりにも標準的なものになってしまったので単に女性であることの一部とみなされるほどになり、その摂食障害という表面上の現実を中心として日常的な連帯の形が育てられはしたのだが、それが何らフェミニストとしてのアイデンティティを促進することはなかったと示唆している（Budgeon 2003）。この女性の疾患の標準化は、自己加害の文化を「社会規範に対する屈曲された告発」（Butler 1997）として解読することを可能にした。フェミニズムは、新たな性の政治が生じる予兆もないままに、骨抜きにされようとしていた。歴史的な記憶のどこかに留まりつづける、幽霊のような力としてのフェミニズムは、捨て去られなければならなかった。この、彼女たちが知っていて、愛してさえいたフェミニズムをあきらめることを要求されるにあたって、フェミニズムはそうと名指されることも公言されることもないままにいつの間にか、その主体の生の中にメランコリー的に保存されたのだと私は当時主張した。フロイトからバーバまでを渉猟して、バトラーはメランコリアとその判別しがたい怒りが、国や大義、自由や解放といった失われた理想から生じたものと理解した（Eng and Han 2000 も参照）。メランコリアは「鎮圧された反乱」の空間をしるしづけるものであり、その結果「社会的な不満が心的な自己評価へと作りかえられる」ことが起こっているかもしれないのだ。しかし私たちはいまや、フェミニズムが公然のものになっているのみならず、日常生活に遍在する力となったような、新たな領土に足を踏み入れているのではないか？

加えて、私たちはジェンダー不公正と性の不平等に対するさまざまな形の怒りや憤怒のすさまじい力を目にしてきた。二〇〇八年前後から始まったオンラインでの運動、組織、デモ、マニフェスト執筆、公的な宣言、メディアでの制作といった努力と一心不乱な活動を通じて、新たな形のフェミニズムが生まれた。そうすると鍵となる疑問は、新たなフェミニズムによって社会＝経済的な場に、そして他ならぬ資本主義に突きつけられた異議申し立ての力をどうやって測るか、というものになる。そして、いまやフェミニズムの活動に対してかつてのような不賛成が存在しないなら、また若い女性たちが性その他の不公正に対して、彼女たちの怒りを公然と表現できるのなら、精神疾患や摂食障害などが激増していることをどう理解できるのか、というものだ。意識の端に取り憑いていたものが、いまや日常生活のうちに復位させられ、メランコリアを引き起こす根源は名を与えられ、公然のものとされ、そしてその孤独な場所から表に引き出された。失われた思想が復位させられ、当時のメランコリアが表面上消し去られたとして、その状況をどのように解読すればよいだろうか？「ポストフェミニズム」的なメランコリアと現在のフェミニズムのアクティヴィズムの時代のあいだで、気づけば舞台の真ん中に躍り出ていた、より可視的ではっきりとした鬱や不安といった、あふれ出す病理をどうやって整理すればいいのだろうか？　こういった病理はメディアでスポットライトを浴びており、それは精神分析の語彙によってではなくＣＢＴ〔認知行動療法〕のような行動心理学のテクニックによって対処そして治癒されるべき病理とされているのだ。フェミニズムはもはや失われた大義ではなく、「顔」になったようである。このことは、いまだ答えられていない、心をめぐる疑問だけではなく、多くの社会学的な疑問を惹起する。たとえば、女子学生たちが、これまで性の政治に関心がないかもしくは懐疑的であったのに、フェミニズムに関心を向けているのはどういうわけなのか？　そういった出会いの本性はどのようなものなのか？　彼女たちはいかにして、自分たちは「フェミニスト」だと大書されている、このフェミニズムのマントを手にするのか？　そういった大きな疑問に直面した本章が注力したのは、表面上はフェミニズム的な女性性と消費文化とを、そして広く資本主義とを和解させようと試みる（Banet-Weiser 2018）、〈ｐ－ｉ－ｒ〉のはたらきを詳細に分析しようという小さな試みであった。

しかし、〈ｐ－ｉ－ｒ〉には、フェミニズムによる批判を軟化させ無菌化して、現状と美容＝ファッション複合産業の利幅を維持しようという以上のものが、大いにある。それには道徳的目的もあるのだ。そしてここで、私たちはもう一度バトラー（2005）に向かうことができる。『自分自身を説明すること』でバトラーは、政治文化の中で進行中の多くの問題について自分の立場を明確にしている。彼女は近年活発になってきた、ポピュラーな道徳へのさまざまな呼びかけを考察しているが、それはしばしば自己に対する責任を負うこと、そして依存しないことの重要性をめぐるものである。バトラーは読者に、アドルノが一九三〇年代ドイツの文脈において、ポピュラーな道徳を「倫理的暴力」と理解したことを思い出させているが、それを現在に敷衍して、〈p-i-r〉の基礎にあるのは暴力的な意図だと示唆できるかもしれない。ジェンダー体制の一側面としてのレジリエンス訓練のポピュラーな道徳、つまり他者もしくは国家に依存しないことの強調は、ある種の義務への呼びかけの形を取り、女性の市民性の新たな定義を明確化するが、そこにはそれが含意するすべての付随的な排除が伴われるのだ。ここでの論理の陰惨さは、すべての女性は失敗することを運命づけられているが、一部は他の女性たちよりもいっそう劇的に不平等に失敗をすることになっており、その結果ジェンダー体制の現状は維持されていくということだ。控えめに言っても、その体制は、自分の欠点と和解し、それを補っていくよう厳しく命じながらも、常に容赦ない社会的な非難と否定的な自己診断の空気に支配されている。人はそこで、主権的自己、もしくはアダム・フィリップスの表現では自己叱責の檻に自分自身を監禁するだけではない。貧困や人種に基づく不利のために〈p-i-r〉の直接の命令が届く領域の外側に追いやられた人びとにしてみれば、緊縮状況に耐えるためのレジリエンスの言語に覆い隠されたその間接的な呼びかけは、性的なパートナーの選択を間違ったこと、自尊心に欠けていること、若くして子供を産んでしまったこと、十分な学歴を得なかったこと――つまりうんざりするほど繰り返されてきた自己非難の種（Gill and Orgad 2018）――について、自己を厳しく非難するさらに多くの理由を与えるのである。このシナリオにおいて〈p－i－r〉は、それが解決するということになっているまさにその条件を増幅させる。それが〈p－i－r〉の毒＝薬《ファルマコン》の効果なのである。

バトラーは（右で参照したアダム・フィリップスによる論評に呼応して）、統一された、自律的で、透明な自己を心的な理想として追求することが伴う危険性に警鐘を鳴らしつつ、そのような自己の観念に長く異を唱えてきた。彼女は長きにわたって、支配権を握った主権的な個人の概念に異議申し立てを続けてきたのだ。処方された正しい行動を取ることによって達成可能なものとしての、自己支配や自己責任という理想が存在する。そのような理想に対抗して、バトラーはより公正な社会は私たちの相互依存性、ケアや住まいを提供したり、共感を示したりする必要を公言するような人びとによって構成されるはずだと、一貫して主張してきた。バトラーはカヴァレーロ、ラプランシュ、レヴィナスの著作に、私たちが関係し合う存在であることについての、そして自己の透明性の挫折からある倫理がいかにして生まれ得るのかについての、そしてそのような倫理が暴力に対して、暴力を縮減するための力としていかに作用し得るかについての、一連の議論を見いだす。カヴァレーロは、「あなたとは誰か？」と問いかけることによって、より関係的な〔関係の中にある主体を基礎とする〕政治を構想する。私たちは「あなた」という存在へと向かう。それは言い換えれば「私はあなたに対する関係であ〔る〕」ということだ（Butler 2005, p. 81〔一四六頁〕）。ここで私たちは、「誰？」という問いに基づいた社会理論を手にしている。ここで私たちは、寛容の可能性を見いだしている――私に対して主張をする、他者としての「誰」、そして、その人たちは私でもあるがゆえに、私が向かう「誰」。そうすると、反暴力の倫理、すなわち〈p-i-r〉によって再生産されるばかりの自己に対する暴力と手を切る方法を約束するのは、私たちが関係し合う存在であることなのである。本章での探究の主題であった、〈p-i-r〉のポップカルチャーにおける乱反射は、自己についてのある規範を設定しようとするものであるが、それは終わりなき自己叱責に向かうものであり、私たちの他者に対するより深い義務や責任を否認し、そのいっぽうで、より若い女性たちが自分たちのより成功した先例にならうようにと、彼女たちのロールモデルもしくはメンターとして自分自身を提示するような形の、ポピュラーな道徳の体現を目指すものでもある。これはメリトクラシーの論理でもある（Littler 2017）。

　結論を述べるなら、本章は〈p-i-r〉と名づけられたあるメカニズムもしくは装置の地位を問うてきた。新たな形式のフェミニズムとそのさまざまなアクティヴィズムが女性向けのポピュラー・メディアの場に広く流通し、とりわけ若い女性たちが消費文化の規律訓練的な装置に、そしてまた家族生活と教育に顕在するジェンダー化する規範に晒されているときに彼女たちに利用可能になっている状況で、そういったフェミニズムを管理する機能を果たすのが、この〈p-i-r〉であった。そうすると〈p-i-r〉は、フェミニズムの複数の実践に、そしてその可視的な存在に介入し、干渉しつつも、フェミニズムから資本主義が利益を得るための方法として見ることができる。レジリエンス訓練の作用は、ジェイムズが指摘するようにすべてを消尽し、新たな女性主体を維持不可能な自己の理想の言いなりにしてしまう（James 2015）。〈p-i-r〉はフェミニズムに寄った、ある種のポピュラーな道徳性として私たちの日常的な常識（コモンセンス）に浸透しているいっぽうで、それはまた過去の強力な女性の徳（家庭の天使）の概念の延長線上にあるものを受け容れ、また女性誌その他のポピュラーなフォーマットのような伝統的ジャンルのうちにも刻みこまれている女性的＝母性的市民性による排除の再生産を受け容れもする（Riley 1992）。ここでの倫理的暴力は、そこに喚起される「残酷な楽観主義」に基づいているのみならず、そういった雑誌のページを読んだり写真を見たりする人びとを私的な領域で羞恥に晒し《シェイミング》、その呼びかけの排他的な白人的視点によって沈黙させることにも基づいている。バーラントに賛同して、こういったマスカルチャーの形式は、女性性の心的快楽を利用し、良い生活《グッド・ライフ》の夢といった残酷な帰結を引き出すことによって、長命を保つことに成功したと言うこともできるかもしれない。バトラーとともに私たちは、この残酷性は倫理的暴力の日常的な儀式へと、メリトクラシー的なミクロ政治へと変容すると主張できるかもしれない。その政治の基礎にあるのは、商業的な後援を得てレジリエンスを持つ、フェミニズム志向の女性主体である。彼女たちにとって、自己とはすなわち関係性や脆弱性や依存を忌避する、達成可能に見える力を含意するものなのだ。

第3章

生活保護からの脱出

女性と「妊娠阻害雇用《コントラセプティヴ・エンプロイメント》」

レプケが次のようなことを語っていたように思います。失業者とは何だろうか。それは経済的な障害者ではない。それは社会的な犠牲者でもない。失業者とは何だろうか。それは移動中の労働者である。それは収益のない活動とより収益のある活動とのあいだを移動中の労働者なのだ、と。

(Foucault 2006, p. 139〔一七二頁〕)

……社会政策は、厚生経済学においてどのように構想されるでしょうか?……厚生経済学における社会政策は、次のことを認める政策です。すなわち、経済成長が大きければ大きいほど、いわばその報いおよびその代償として、社会政策は、より能動的なもの、より強力なもの、[そして]より気前のよいものとならなければならない、と。

(Foucault 2006, p. 142〔一七五―六頁〕)

ここまでの章では、レジリエンスという言葉が多くの機能をもち、重要な地位にあることを示してきた。第一に、フェミニズムの新しい節合によって、女性向けジャンルの消費文化だけでなく資本主義それ自体に異議を申し立てる能力が発展させられていき、レジリエンスが〈p‐i‐r〉の一部としてその新しい節合のあいだを媒介する役割を果たすようになるのを見てきた。第二に、レジリエンスが女性のエンパワーメントのために個人化された「自己のテクノロジー」のテクニックとして、フェミニズムの代役を果たしていくのを見てきた(Banet-Weiser 2018)。第三に、レジリエンスが若い女性のあいだでの階級・人種・エスニシティの分断を強化していく境界画定の活動であることから、フェミニストの団結と連帯の能力を損なうことを示してきた。そして第四に、レジリエンスが福祉国家という観念から離れ、セラピー的な自己責任化という観念に向かう道を地ならしするのを見てきた。このセラピー的な自己責任化が次に自尊心という考えを喚起するのだが、この考えは貧しく恵まれない状況にある人びと、私たちが取り上げた例で言えば貧しい女性を、仕事やキャリアを見つけるに足る自信を欠いた存在で、そのために自分の苦境に何かしらの責任をもつ存在として分類し、罰するのである。(1) 荒廃した地域には染みついた貧困の型があり、失業率の高い地域では教育の機会が行き届いていないなど、実際にはあまりにもたくさんの構造的要因によって、非常に多くの人びとが失業のサイクルや断続的で低賃金の臨時雇用に就く可能性しかない場所に封じこめられているという事実があるにもかかわらず、このような自己責任化は生じている。オーディエンスや読者や視聴者に特に集中的に向けられる新しい種類のポピュラーな道徳は、これらの問題の語られ方を通じて形成されていくのだ。

本章で私は、「人的資本を強化する」(Brown 2015) ためのさまざまな要件にたやすく参加できない女性層に含まれるイギリスの女性たちに、ネオリベラリズムがもたらす運命の一部として説明できるものについて、考察することから始めようと思う。(前章で参照されたような) 〈p-i-r〉の呼びかけは、これらの女性たちにとって良くても排他的であり、最悪の場合には攻撃的で侮辱的である。それは、物質的に恵まれないシングルマザーや黒人やエスニック・マイノリティの女性たち、ケアの義務がある女性たち、貧しい移民女性たち、失業率の高い地域に住む女性たち、国内の脱産業地域で暮らす女性たち、障害のある女性たち、そして労働者階級のうちでも下層階級の一部をなす女性たち、ワークフェアへと押し出される女性たち、そしてパートナーと不安定《プレカリアス》な関係にあり、支えてもらうことのできないごくふつうの女性たち、そして特にそのような状況にある母親たちを含む、低い資格しかもたず、特別な技能を身に着けることのないまま恵まれない条件のもとに置かれた女性たちである。フェミニスト・カルチュラル・スタディーズのアプローチからこれらの女性について考えるにあたって、私はフェミニスト政治理論家の中でもウェンディ・ブラウンが理解した福祉国家の運命について、いくつかの簡潔な見解を述べることから始めることにする。そこから私は、たとえ低賃金の臨時雇用であるとしても、とりわけ「依存」によって女性性にもたらされるダメージを修復する方法として、そのような女性たちに仕事が提供されているという一つの議論を提起するだろう。道徳は女性化され、自尊心、敬意、容姿への誇りなどが強調されることになる。このような装いのもと、ポピュラーな道徳はフーコーが重点を置いた身体と「行動の導き」にはねかえるだろう（Foucault 2006）。私はポピュラー文化とメディアが、市民の義務のようなものとしてこれを遂行することを強調するつもりだ。女性が〈p‐i‐r〉の呼びかけに応じる資格を得るためには、仕事をしているという最低限の地位を勝ち取らなければならない。私たちは「生活保護からの脱出」を、職業訓練センターが何らかの形でリアリティTVを含むメディアやポピュラー文化のさまざまな形態と連携して落ちこぼれの女性性を救済し、ポスト福祉の言説が作動できる領

域へと導くために活動するという問題として、総合的に考えてみることができるかもしれない。(2)

ウェンディ・ブラウンの読解によると、フーコーは生政治に関する講義で、一九二〇年代と三〇年代のドイツのオルド自由主義などのネオリベラルな経済学者が、あるさまざまな原則に重点を置いていたことを指摘しているそうだ。その原則とはたとえば、福祉の縮減、「昔ながらの社会保護を理解不能なもの」にすること、福祉の再配分における国家の役割を非正統化すること、福祉とは何らかの形で「資本主義の悪影響を補償する」ものであるという考えを全面的に無効化すること、競争の結果として生じる不平等を増強することなどである（Brown 2015；Foucault 2006）。ブラウンは、「社会政策の経済問題化」に言及し、このプロセスの鍵を握っているのが、家族の再生であるという事実を暗に示している。もし福祉国家がほとんど「認識できなくなる」ほどに「空洞化」されているのであるとするならば、その結果、何がその場所を満たすのだろうか？「新しい配置と実践」が発展させられるしかない（ibid., p. 63）。一九八〇年代から始まる一時期のイギリスで出されたこの問いへのはっきりした回答の一つは、国家はもはや資本主義と対抗することなく、代わりにより調和的なパートナー関係へと移行し、民間部門に目を向けているということだ。世界を先導していくビジネス・スクールから生まれた「ニュー・パブリック・マネージメント（NPM）」は、最適な語彙を提供している。福祉国家は徐々にその社会的ケアの責任を免除され、その代わりにだんだんと国家自体を仕事とワークフェアの新しい道徳経済の調達者であると再定義するようになってきた。この後、私は三方向の議論を展開していく。第一に、女性のための仕事とワークフェアは、ネオリベラリズムがフェミニズムのレトリック（「ネオリベラル・フェミニズム」）のようなものを導入し、取りこむための都合の良い手段になっているということ。[3] 第二に、ポピュラー文化とポピュラー・メディアは、さまざまなエンターテインメントのフォーマットを利用しながら、福祉改革を進めるためのエージェントとして名乗り出ているということ。第三に、イギリスにおいて、かつては国家によって提供されていた社会財の負担を家族に背負わせる手段として、仕事が最前線に押し出されているということ。続けて考察していくように、合衆国とは異なり、イギリスにおいて仕事は「責任化」するための最適な方法であり、このことは恵まれない条件のもとに置かれた母親が有給労働を優先しなければならないことを意味している。

女性たちの経験に関する圧倒的なリアリティの一つであり、現在の社会経済的配置の枠組み内での若い女性たちの進路の一つは、十分な地位を得られる人生という見通しだ。いまだに続いている家父長制的な条件のもとで雇用されるに価する主体だと高く評価された人びとは、あたかもその地位が才能《ギフト》によるものとして自分たちに与えられた社会的進歩のしるしであるかのように、常にそのことに感謝しつづけるよう説き伏せられている。ブラウンが論じているように、もしネオリベラルな合理性が民主主義の内臓を抜き取るという手段によって、脱政治化された空っぽの空間を放置するよう機能するのであれば（似たようなことを私は『フェミニズムの波の後で（*The Aftermath of Feminism*）』でも提起しているのだが）、ひいては、今日、最近のフェミニズム運動が盛り上がるにつれて、フェミニズムの政治を導入する際に関与するすべてのものに対する個人主義的なオルタナティヴとして、仕事の潜在力がますますはっきりと感じとれるようになっている（Brown 2015; McRobbie 2008）。つまり、働き方を変えることやジェンダー平等のための闘いではなく、仕事とキャリア自体が目標になる。私たちはこれを、今日の実用的な右派フェミニズムの望ましい進路だと言えるだろう。女性にとって雇用は、地位とアイデンティティの決定的なしるしとなった。同様に、働く女性を中心に据えることは広がり、実際に「ジェンダーと開発」〔開発の過程でジェンダー格差やその背景となる社会と経済の構造を変えていくことが、恵まれない立場にある女性たちを救うという施策〕に関する言説は何倍にも膨れ上がり、非常に多くの支援機関だけでなく世界銀行のような組織にも導入されているネオリベラルな価値に不可欠のものになっている（Wilson 2015）。カルパナ・ウィルソンが詳細に示しているように、「暗黙のうちに男性よりも頼りになり、より道徳的な主体となり、したがって投資に値する存在であれ」、という女性に向けた直接的な訴えかけがある（Wilson 2015）。このことは、「極めて勤勉で、起業家精神にあふれる女の子」に焦点を当てた「スマート経済としてのジェンダー経済」計画に明示されている（ibid., p. 809）。二〇〇四年の「ナイキ・ガール・エフェクト」とそれ以降のその他いくつかのプロジェクトを含め、一九九〇年代初頭から最近のこれらの計画にいたるまでの歴史のすべてに、仕事が最前線に押し出されたことが示されている。カルパナ・ウィルソンは、「労働のための無限の能力」をもつ「女の子」をあらゆる人種に導入することは、多くの点で脱政治化につながるとみなしている（ibid., p. 818）。構造的な不平等に注目を向けさせずに個人の努力という物語を据えることで、それはジェンダー平等を促進するどころか、平等促進の可能性を縮小していく。

本章における私の関心は主にイギリスにあり、そして現代のイギリス社会において女性は働くべきであると要請されるだけでなく、そうした期待から逃れようとしているように見える人びとに懲罰が与えられるという点にある。私はまた、ネオリベラルな理性に特徴的なレトリックとして、現代の反福祉主義をより深く理解し、労働者階級の女性のみっともない身体、またはだらしない身体として提示されているもののおぞましさ《アブジェクション》がこのプロセスにおいてどのような役割を果たしているか理解することを目指す。一九世紀に「スラムに居住する」労働者階級女性を描写した残酷な作品集が大量にあるのに対して、最近のこのおぞましさの効果はネオリベラルな合理性内部で行動が重要であることを示し、人的資本を強化するようなやり方での自己表現に失敗することがどのようなものであるのかを強調している（Brown 2015）。ブラウンが私たちに気づかせてくれたように、もし反福祉主義がネオリベラリズムの中心的価値のレパートリーを決定づける特徴であるのなら、戦後の福祉の装置が（懲罰を与えるだけでなく）その支援の主要な資源としてきたような人びとのカテゴリーが「女性」であるがゆえに、女性たちは現在のあらゆる制度と機能から福祉を削減しようとする動きによって、あまりにも大きな影響を受けることになる。[4] 過去のフェミニストたちは、保険の内容が歴史的に男性の稼ぎ手を基準に作られていたとはいえ、福祉の装置は主に女性と子供たちに関するものであったと論じてきた。同時に、黒人と移民女性は、その夫たちがより厳しい監視と規律を経験してきたことだけではなく、主流の労働市場から排除されてきたことで、さらに不利な立場に置かれるという結果がもたらされたとも論じている（Wilson 1975 ; Shilliam 2018）。

それゆえ問題となるのは、こうした福祉の解体の中で、最近の女性たちはどのように位置づけられるようになったのかということだ。この問いへの一つの回答は、労働者階級の女性たちがいまや完全に労働者として定義されるようになったというものだ。現代の生政治の観点から見れば、こうしたことは、彼女たちが国家に依存しない女性層であることを示している。もっと厳密にいうなら、彼女たちには、すでに雇用状態にあるという根拠に基づいて、そしてその条件を満たす場合にのみ、残存利益〔分離可能な生活保護の残りの分〕が支払われる。イギリスでは労働年齢にあたるすべての女性が経済活動に従事することを社会善《ソーシャルグッド》とし、注目しているが、このことは、専業主婦業を優先するという「選択《チョイス》」のできる裕福な女性たちからなる小さな層を除くと、家族の義務が良くも悪くも二次的な場所に押しこまれていることを意味している。たとえ専業主婦になることを選択できたとしても、子供が成長して社会的地位が低下してしまう場合に、在宅の母親にも社会的地位と承認を与えてくれるような活動が必要になる。イギリスでの総合的な出生率は、計画出産という標準的な枠組みの範囲内で定義されている。これは社会政策と公衆衛生の両方が、内密に、または舞台裏で新しい経済の要件に一致するよう家族生活を再形成するべく取り組んでいる複雑な領域である。家族を格下げして仕事を格上げしていると明確に述べている政府の政策文書を見つけることは困難だ。(5)その代わりに仕事の格上げは、メディアと、セレブリティに主導されているポピュラー文化の内部で奨励されている。メディアとポピュラー文化の内部では特にミドルクラスと白人による成功した女性性の規範が「適切な時が来る」まで子供を持つのを先送りするよう要求している。

女性がまずはキャリアを積む、もしくは少なくとも定職に就いて出世するという条件つきで、家庭生活は核家族モデルをより重点的に遵守するようになっている。それは、「責任化」されている。責任化というのは、ブラウンが指摘するようにぎこちない語彙であるが、「家族計画」に求められるさまざまな算段の絡み合いを表現する言葉である。福祉国家が社会的再生産を支援する役割から脱却しようとしているように、家族自体もこの課題に備えていくことを示す必要がある。社会的再生産に対する責任の一端は、働いている二人の親というユニットにある。シングルマザーほど公然と軽蔑される存在はない——特に複数の子供がいる場合には。シングルマザーは現在考えられている「社会問題」の典型例である。安定した核家族を形成する可能性を打ち砕いてきた奴隷制の歴史と奴隷制以後の経験によって、イギリスの黒人女性はシングルマザーになりやすく、黒人女性たちはさまざまなレベルの差別に晒されている。メリンダ・クーパーが示したように、こうした点でイギリスは合衆国と異なっている。合衆国ではキリスト教的価値が力をもっているため、より懲罰的な反フェミニズムの論理があったしそれはいまでも存続している。フェミニズムは女性が働くことを奨励し、女性をより自立させ、男性への束縛を弱めるものであることから（Cooper 2017）、家族を解体する役割を演じていると非難されている。男性の稼ぎ手に女性たちが依存するのが理想的状態であり、男性への依存が実行できない場合、ワークフェアは女性の失敗の痕跡で二重に汚染されている。このような背景のもとで、イヴァンカ・トランプのような人物が、働きたい母親を擁護する現代的なフェミニストの役割を演じることができるのだ（Trump 2017 ; Rottenberg 2018）。

イギリスにおいて、定職に就くのは「妊娠阻害効果《コントラセプティヴ・エフェクト》」と呼び得るものを助長することにつながる。(6) 職と収入を見こめる成人向けの継続教育や高等教育は、母になることを先延ばしにする効果をもたらす。シングルマザーにならないようにと願うことから、(ミドルクラスの女性だけでなく)高い資格をもたない労働者階級の若い女性は、容易に避妊へとアクセスできる。こうした「妊娠阻害雇用」という〈装置《ディスポジティフ》〉に埋めこまれたさらなるねじれは、上述した理由から白人ヨーロッパ系の核家族という理想に適合しないアフリカ系カリブ人家族に関する直接的な人種差別表現を避けている点にある。(7) けれども、これらと同じ措置によってさらに社会格差の広がりという結果が生じ、経済的に恵まれない女性が、いわゆる不適切な関係とされる中で子供を産むことで、その他の女性たちから区別されていく。マムズネットの流儀で定期的に投稿される幸福な核家族というフェイスブック的世界観は、子供を育てていながら一緒に写真に写ってくれるパートナーのいない女性たちに、力不足であるとか出来損ないであるといった感情をさらに強く喚起させてしまうだけである。仕事は、この場合には低賃金の典型的な不安定労働なのだが、恵まれない立場にある女性たちにとって、主要な管理《コントロール》=制御の空間となる。(8) ワークフェアの制度は、福祉の変化と密接に結びついている。同様に生活保護の間引きは、仕事の世界の変化と密接に関連している。シングルマザーを含む女性たちは仕事へと徴兵されていて、たとえ「ゼロ時間」契約であったとしても就業可能な仕事を拒否したり辞退したりすると、時に生活保護の受給資格を失う恐れがある。「仕事をせよ」という命令には多くの機関が関与することになる。たとえば、受給者の健康状態と彼または彼女の働く能力を評価する機関、クライアントを雇用主とマッチングさせる機関、そして求職者を訓練する機関。リサ・アドキンスが指摘したように、現代のワークフェアは多くの法的手続き、「社会＝技術的な装置」、トレーニング・マニュアル、そして新しいオフィスや機関を発足させている（Adkins 2016）。実際、あるマーケットが、つまり「失業者の労働のためのマーケット」が生まれている（ibid.）。サービスの提供者は、ワークフェアのプログラムに登録した企業に求職者を入れるために、自分たちにとっては有益であり、求職者にとっては不利な契約に入札している。

合衆国では異なる戦略が推進されていて、（拡張された）家族がいまや福祉主義の代用品としてふたたび機能している（Cooper 2017）。低賃金でやりくりしている家族に社会的再生産のほとんどすべての負担を強いることが可能であると証明された理由は、右派の二つの支配的な政治勢力であるネオコンサヴァティヴ（新保守主義）とネオリベラルが、社会構成員への社会保障と保護の提供を利他的に推進する場所として家族と親族関係を共通の足場として示しているからである。(9) 社会的なネオコンは、フェミニズムや「貧困との戦い（*War on Poverty*）」のようなその他のさまざまな進歩的運動が家族を弱体化させていると論じている。生活保護を懐に入れることで、失業者は相互義務から解放される。福祉のための国家の費用は、男性の稼ぎ手がいなくても女性――型通りのステレオタイプによるとアフリカ系アメリカ人女性――が一人で子育てをすることを選んだために高騰している（クーパーが私たちに気づかせてくれるように、黒人家庭のこのような病理化は、アメリカ社会に固有の構造的、そして制度的な人種差別と人種隔離から注意を逸らすのにも役立った）。合衆国のネオリベラリストたちの提案は、福祉に代わるものとして家族や親族関係の絆を再構築することであるが、そのような絆には見こみがないように見えるし、実際に貧困をエスカレートさせることさえある。クーパーは、貧困家族が借金まみれになっていく状況を記している。[10]もしかすると国家によって満たされていたかもしれない多くのニーズ、つまり「資産ベースの福祉」のために高金利の貸付を利用することは、家族の構成員同士の結びつきを強め、たがいの借金に対して責任を負うようになることを意味している。その結果、借金を抱えた貧困家族自体がコンテナユニットとなり、そこから脱出することは困難になる。合衆国の家族にとって福祉はあまりにも骨抜きにされており、キリスト教に導かれた家族重視の考えがしっかりと定着しているため、負債はよりいっそう顕著なものとなる。

戦後ケインズ主義の計画のおかげで、イギリスにおける公的支援は合衆国ほどにはスティグマ化された存在とならなかった。かつて一九七五年にエリザベス・ウィルソンが論じたように、イギリス史における戦後ケインズ主義の時代は、広範囲にわたって「福祉国家イデオロギー」を忠実に守ってきた時代として定義され得る(Wilson 1975)。中絶反対のロビイストたちを含むキリスト教右派の保守主義者は、イギリスではさほど大きな声をもってこなかった。[11]女性の居場所は家庭の中にあるとはっきり提唱するような強力な政治勢力はなかった。[12]一九九七年から二〇〇七年までの期間に政権の座に就いていたニューレイバーは、宗教色のうすい立場を採用し、若い女性のための自由で安全な避妊を要求に応じてひそかに擁護し、避妊はさらにポストフェミニストの選択とエンパワーメントの精神に一定の役割を果たした。ある意味、まさにこのことが、メリトクラシーへのその大げさな関与とともに、ニューレイバーが自分たちを現代的で進歩的なものとみなすことを可能にした。仕事は優先的な価値を持ち、トニー・ブレアのもとでのニューレイバー政府の時代と、ゴードン・ブラウンが最初に財務大臣となりやがて少しの期間首相となったときに、先陣を切る重要なものとなった。当時の財務大臣であるジョージ・オズボーンが述べたように、いまや仕事をしていれば、仕事嫌いであるとか「努力せずにずる休みをする人」であるといったスティグマ化を避けることができる[13]。それゆえ、特にイギリスのネオリベラルな価値観との整合性という文脈において、仕事は家族という価値観への依存よりも優先され、同時に経済的自立の可能性を女性たちに認めているように見えることから進歩的な公共政策としてある程度フェミニズムのお墨付きを得ている。その結果、シングルマザーが有給雇用の職を得ている場合には、もし無職であれば侮辱されていたであろう状態から多少なりとも名誉を挽回できる[14]。

スチュアート・ホールとアラン・オシアが指摘するように、このような福祉の変容が是認されるための力場として機能するものこそ、「ネオリベラリズムの常識《コモン・センス》」なのである（Hall and O'Shea 2013）。この常識はタブロイド紙の紙面やリアリティTVの連続番組で形作られていて、そこでは生活保護を受けている人びとを晒し上げる《シェイミング》ことを目的としたさまざまなテクニックが利用されている。私たちはこれを「反福祉主義の想像物《イマジナリー》」と呼ぶことができるだろう。要するに、イギリス社会が完全にネオリベラルな体制へと変遷した際に鍵となる要素の一つは、恵まれない立場に置かれた女性たちが、母としての義務や実際に母親になりたいという欲求よりも、有給労働と（しばしばもっとも低賃金の）「妊娠阻害雇用」を優先せざるを得ないということだ[15]。仕事をすることは女性の人口層にとって確たる社会的地位を示すものとなる。というのも、彼女たちには働いているという自己定義が必要不可欠でありながら、与えられないことが多いからである。商業的に承認されているだけでなく国家に後援されている女性性は、一世紀以上にわたって白人ミドルクラスに基づく容姿や性質、行動、ものの見方に関する規範を定義づけられ、推奨されてきた。そうした価値観およびそれらが暗に示す社会的地位を遵守できないというのは、事実上、女性になることに失敗しているということだ。したがってスケッグスは、こうした理由から白人労働者階級女性の抱える悩みを説明し、同じように黒人女性たちの日常生活における社会的地位の観念の重要性についても説いている（Skeggs 1997；Higginbotham 1994）。セクシュアリティとアイデンティティが社会的地位を獲得できるかどうか問われている現在、女性の労働倫理は新しい道徳経済を構成している。生活保護を受けることは経済的困難よりもはるかに多くのことを示唆し、女性性の維持に失敗したことや根深い羞恥の感覚も意味している。古い道徳の監視者は、ドゥルーズが「コミュニケーションの管理＝制御《コントロール》」として予想していたもの（Deleuze 1996）、つまりさまざまな注目のモード、注目の濃淡、乱雑にも見える嫌悪の表現、非難、不快な言葉や言い回し、不快な画像、「いいね」や「よくないね」ボタンのクリックなどの表現によって置き換えられてしまった。こうした道徳的非難の流れには一見無秩序な性質があるにもかかわらず、私自身は権力のこのような様態を理解するために、「視覚メディアの統治性」という言葉をあえて使うことにする。なぜなら、この言葉の使用は私たちを、いまや変遷と変容の状態にある――まさに変貌のさなかにある――国家統制の強化という古い形式およびメディア制度に引き戻してくれるからだ（Beck 2013）。

「生活保護暮らしで寝てすごす」(16)

以下では、二人の影響力のあるマルクス主義者デヴィッド・ハーヴェイとヴォルフガング・シュトレークが、現代のネオリベラリズムの文脈における家族・仕事・福祉に関するフェミニストの議論に対して感度が低いという点について検討する（Harvey 2005；Streeck 2016）。そして私が注目するのは、この点についてより明らかに助けになる著作を書いた文化・政治理論家スチュアート・ホールである。もちろん、デヴィッド・ハーヴェイはネオリベラリズムの台頭に関するもっともよく知られたマルクス主義評論家である。彼はビジネスの世界での権力の強化、労働組合の構成員数の減少、労働組合以外の部門における雇用成長への支援、市民的社会主義の終焉、そしておそらくもっとも顕著なものとして「社会賃金の削減」と並行する賃金の伸び悩みについて、これらすべてが「労働者を利用した階級権力」の回復につながると指摘している（Harvey 2005）。この貢献は重要であるが、ハーヴェイによる経済学的説明の重要な問題点は、社会賃金の内部に刻みこまれているジェンダーの問題について考察できなかったことにある。ハーヴェイはメディアと文化の世界にはほとんど注意を向けていないが、それら二つは一般の人や労働者階級の人びとによる反福祉体制への同意を得るための熱心な活動の場だった。その上、ハーヴェイは階級権力の理論に、現代の市民社会における人種、エスニシティ、ジェンダーの決定的な重要性を考慮に入れていない。最後に、彼は階級という伝統的な帰属意識を破壊する重要な役割を演じた個人化に関する文化的・イデオロギー的プロセスを無視している。(17)この点では、ウルリッヒ・ベックとエリーザベト・ベック＝ゲルンスハイムが個人化について書いた論文にはいまなお価値があると指摘できる（Beck and Beck-Gernsheim 2002）。

ハーヴェイは社会賃金という言葉を、福祉や公共サービスに言及するために使っている。以前はその言葉の代わりに、典型的な家庭にいる妻を想定した男性の稼ぎ手モデルを思い起こさせる家族賃金という用語を使用するのが一般的であった。一九七五年にエリザベス・ウィルソンは、家族賃金とは学校や病院から図書館や幼稚園にまでわたる福祉国家の利用可能な資格に基づいた賃金水準のことであるという、しばしば引用されることのあるバーバラ・キャッスルの定義に言及している（Wilson 1975）。その後、福祉の提供は、健康と教育へのアクセスなどの非金銭的な社会財や失業保険といったパッケージの中に存在するようになるが、多くの部門がまだ国家の管理下にあった当時、それらは労使関係の賃金交渉構造の不可欠な要素だった。これらの給付金は事実上の週給の一部として提示され、政府が賃金を抑える方法として利用することもできた。この取り決めは、いわゆる社会契約の重要な一部でもあった。それは（無料の教育と訓練、公営住宅への助成金をも含む）社会財と社会的サービスを提供することによって政府が産業を支援するという考えであり、（主として白人男性の）労働者がこれらを提供するための費用をカバーするためにおそらく過度の賃金要求をしないことを意味している。ハーヴェイは社会賃金の喪失を嘆く点においては正しかったが、いわゆる白人の熟練した男性労働者階級の人口層、つまり典型的な労働貴族の賃金を補うというその歴史的な役割にはさほど注意を払っていない。シリアムが説得力をもって私たちに思い出させてくれたように、これはイギリスへのウィンドラッシュ移民（一九四八年にエンパイア・ウィンドラッシュ号に乗って西インド諸島からイギリスに来た人びと）の時代と一九六八年のイノック・パウエルの時代にいたるまでのその余波の時期に、白人の労働者階級層に特権を与え、かれら（とその家族）をより高度に熟練した地位へと引き上げ、同時にスチュアート・ホールたちが「裕福な時代」と呼んだものを始動させた人種化戦略であった。同時に社会賃金／家族賃金の存在は、イギリスの白人労働者階級の家族に対して既存の性的役割に基づく分業労働を維持し、強化するようになった。

ヴォルフガング・シュトレークは近著において猛烈な反フェミニズムの立場を取り、この数十年でミドルクラスの女性たちが職場に参入するようになったせいで、労働者階級の男性が仕事を追われ、労働者階級の女性たちは稼ぎ手を奪われていると論じている（Streeck 2016）。「有給雇用への女性の大量参入により……労働者による闘争は打ち負かされた」と彼は主張している（Streeck 2016, p. 98）。シュトレークは、ネオリベラリズムのせいで労働貴族の家族にもたらされた損失について警告している。資本主義は最終的に、フレキシブルな職を設置することによって上昇する失業率に対応することになるが、シュトレークにとって女性のためのフレキシブルな職は、古い労働者階級への攻撃としてしか理解されない。シュトレークによると、戦後福祉の社会契約は組織化された労働者と雇用者、そして大企業を幸福な状態に保つことを目的として導入されたものであるが、各国政府がこれを浸食したことによって、フレキシブルさと不安定さ、低賃金、脱組合化に特徴づけられる雇用機会の悪化がもたらされた。これは、(異性愛家族のユニットを想定するなら) 妻と夫がより不安定な仕事を余儀なくされていることを示している。シュトレークは、「マーケット適合型民主主義」を導入するものとして今日の資本主義を理解している。もはや各国の政府は家族賃金の費用に持ちこたえることはできないが、大企業に課税することもできない。その代わりに各政府は、諸個人が自分自身で借り入れを行う手だてを見つけられる地点までグローバル資本主義から資金を借り入れた。それと同時に、低賃金によってもたらされる上位層のあいだでの再配分効果は、グローバル資本主義が貸すための資金を潤沢に持っていることを意味し、その結果、資本主義はまず政府に金を貸し、次に市民や一般の人びとへの貸付へと次第に浸透し、最終的に二〇〇八年のサブプライム危機を引き起こした。

これがどれほど正確であろうとも、シュトレークは不機嫌な反フェミニストで、古い意味での労働と労働組合の男であるという印象を与える。彼にとって、裏切りにあった白人労働者階級の「主婦《ハウスフラウ》」だけが問題なのだ。経済的に恵まれない女性や移民女性やLGBTQの女性たちへの言及はないし、ミドルクラスの女性たちは職の横領者にすぎない。ジェンダー不平等との闘いが重要であるという示唆はない。シュトレークは、在宅状態であることがいままでは「個人的な不名誉」となっている労働者階級の主婦、という想像の世界にまで踏みこんでいる（Streeck 2016, p. 217）。労働者階級の主婦は働くことを強制されるだけでなく、現代の仕事社会にしっかりと定着した賃金の伸び悩みの分を取り戻すために、かつてよりも多くの時間働かなければならない。シュトレークは、仕事をしている女性は元来消極的であり、組合化されていない部門で働きたいと思い、「雇用されてさえいればまったく幸せである」と考え、その結果、男性の賃金を深刻なほど引き下げていると見なしている。(18) シュトレークは、いまでは働く女性たちが以前のように子供たちの面倒を見ることができなくなったと主張している。女性たちはもはや良き主婦ではない。彼は皮肉のこもった言い方で、男性たちが「新しい父親」へと変わりつつあることを指摘している。左派のあいだで特に賞賛されているシュトレークによるこの批判は、ネオリベラルな体制という文脈の中で女性、労働、福祉の問題に私たちが取り組む際の問題の大きさを正確に示している。フェミニストとして、そして社会主義者として書く私にとって、仕事をすることに賛同すると同時に反対することの両者をなすことが急務となる。反対するのは、働くことが女性にとっての政治的自由の必須条件にされてしまうからであり、賛同するのは、白人労働者階級の既婚女性（のみ）が男性の稼ぎ主である夫に頼ることができ、その社会賃金を併せた給与が主婦としての彼女の役割に十分に対応できることを示していた、（短命の）より保護されていた時代に対する、シュトレークによる見当はずれの左翼的ノスタルジアを回避するためである。(19) より重要な問いは、少なくとも今日のイギリスにおいて、母親の七〇パーセント以上が労働市場で活躍しているという文脈のもとでの社会賃金の運命についてだ。

イギリスの労働市場では、実質賃金は本当に長いあいだ伸び悩み、福祉は切り詰められ、さまざまな給付金は取りやめになった。この公共財や公共サービスの間引きは、女性たちにどのように影響しているのだろうか。

スチュアート・ホールは、二〇一四年に亡くなるまでの数年間に病床で論文を書き、ネオ・マルクス主義的カルチュラル・スタディーズという枠組みの中でネオリベラリズムの出現について考察している（Hall 2003, 2011）。ホールは、言語のミクロ政治と、メディアやポピュラー文化の領域全体で共鳴を呼び起こしつつ展開される言語の潜在力に細心の注意を払っている。ホールはこのように言語を強調することで、日常生活と「ふつうの人びと」について考え、福祉分野の変化に人びとを取りこもうとする試みの一環として、こうしたポピュラーな経路を通じて絶えず語りかけられているさまについても考える。ホールとその共著者であるアラン・オシアはグラムシを広く使って、タブロイド紙が政府から発せられた多くの政策を支持し、同時に新しい政治へと迅速に移行するための基礎を築いてきたやり方を問いただした（Hall and O'Shea 2013）。彼らは、サッチャーからブレアにいたる年月を通して、〈公平さ《フェアネス》〉という言葉が繰り返し使われていることを指摘している。同様にキャメロンとクレッグによる連立内閣の期間、そして緊縮財政という文脈のもと、当時の財務大臣ジョージ・オズボーンは特に鮮明な言葉づかいで、一部の家族が生活保護で得ているよりも低い額の給与しか持ち帰れないとしても喜んで仕事に就く近所の人たちとは異なる、仕事嫌いの男性や女性について「生活保護暮らしで寝てすごす」と表現している。要するに、このようなエピソードによって、生活保護が「不公平なもの」として描かれるようになったのだ。ホールとオシアが私たちに気づかせてくれるように、グラムシにとって常識《コモン・センス》とは「一時的でバラバラなもの」であり、「民衆の知恵」の一形式である。イギリスでは、タブロイド紙が道徳的な常識を編制する空間となっており、労働者階級文化の歴史的語彙を利用して、新聞が連携しているかなり広範な政治的課題に合うよう常識を再形成している。平易な言葉で語ることによって、タブロイド紙はポピュラーな正義という新たに出現した規範を提案することができる。

ホールはサッチャー政権とその後のブレア政権に関する初期の分析を利用し、このネオリベラルの推進力がかなりの長期間にわたって築き上げられてきたこと、そして福祉削減の背後で公平さという概念がポピュラーな意見を動員するために重要視されていたことを示している。このレトリックは、いわゆる「勤勉な家族」(たいていは給与が安いにもかかわらず働いている)と、生活保護を受けているそれ以外の家族とのあいだにくさびを打ちこむことを目的としている。特に個々の事例を挙げつつ生活保護は公平であるのかと訴えかけることは、普遍的給付という旧来の考えを掘り崩して追い払うと同時に「ワーキングプア」現象を覆い隠してしまう(Joseph Rowntree Foundation, December 2016)。公平さは、「失業」という身分と「働いているのに貧困」という身分の中に新しい分断線を引き、福祉を解体するプロセスにおいて道具として機能している。ホールとオシアはまた、メディアが生活保護受給者に責任を転嫁することで、世論、つまりYouGovやNatCenのような世論調査によって検証されるものに影響が与えられることも示している。生活保護受給者への共感は低下してもいるし、社会保障制度を悪用する割合に関する人びとの認識は、実態と大きくかけ離れている。生活保護の請求者であること、子供の予期せぬ病気で母親が数か月間まとめて仕事を休んで家にいなければならないこと、一〇代の少女がメンタルヘルス問題を抱えある一定の期間両親が仕事に行けなくなるかもしれないこと、といった微妙なニュアンスと不測の事態にはほとんど注意が払われていない。極めて裕福な人だけが、幼い、あるいは未成年の子が適切に世話をされると確信して、両親ともフルタイムの仕事を維持することを可能にするための専門家によるケアを受けられる。そのあいだに、タブロイド・メディアとポピュラーなテレビは、国民的な道徳劇としての物語作りによって福祉の変容について国民の承認を勝ち取る力を得た。そしてたいていの場合（理由はどうであれ）メディアは「福祉へのたかり屋」というステレオタイプに従ってためらうことなくふるまえる人びとを見つけ出すことで、承認を勝ち取ってきたのだ。国民は、福祉を受給するに値しないこうした貧困層が実際よりもはるかに多く存在し、そうした人びとを働かせるためには、過酷で懲罰的な制裁を加えるしかないと信じこまされている。

フェミニズムとニュー・パブリック・マネージメント

大半のフェミニストは、国家制度を無条件に拒否することはなかった。むしろ、国家制度にフェミニズムの価値を注入することを求めて、市民をエンパワーする参加型民主主義国家を構想した。したがってその目標は、国家制度を解体することではなく、ジェンダーの価値を促進し、それを本当に表現するような制度へと変えることにあった。

（Fraser 2013, p. 216）

ネオリベラルな政策が定着していくにつれて、私たちがリーダーシップ・フェミニズムと呼んでいるものも根づいていった。それは、さまざまな制度で展開され、女性の雇用、雇用可能性、起業家精神に向かって進んでいくフェミニズムである。これらのプロセスを完全に調査するためには、ネオリベラルな政策とリーダーシップ・フェミニズムが結びつくことで可能になるものを超えた、より範囲の広い分析が必要とされるが、それでも私たちはいくつかの転換点を示すことができる。大まかに言って、国家、公共部門、福祉サービスは、女性たちの重要な雇用主となってきた。これは、トップレベルの専門家から介護労働者や掃除人までの職種階層の全体に当てはまる。これはまた、一九七〇年代半ば以降のイギリスのフェミニストたちが、教師や社会福祉士、医療関連の労働者などとしてこれらの雇用分野に動員されることが多かった理由の一つにもなっている。こうした労働分野はまた、何十年にもわたって賃金の平等や性差別に対するさまざまな闘争の現場にもなっていた。法律だけでなく特定の実務規程と語彙も整備された。一九九〇年代初頭に政府が国有部門の膨張と主張されたものの削減に着手し、同様に私営化《プライヴァタイゼーション》のプロセスが福祉システムの小規模化と併せて導入された際、変革の多くを遂行するためにこれらの女性たちの労働力が必要とされたのだろう。そこで、現在の議論に関連する重要な問いの一つは以下の通りである。これらのプログラムを考案して実践する責任を負わされたフェミニストの専門家は誰であり、そしてかつては誰であったのか？　民間部門が契約し、采配を振るえるようになるとどうなるのか？　たとえば「ビコーズ・アイ・アム・ア・ガール（Because I am a Girl）」のようなプロジェクトを考案する専門家の女性は誰なのか？　フェミニズム理論において最近では資本主義へのフェミニズムの取りこみという問題、さらには共犯や共謀の問題にかなり注目が集まっている（Fraser 2013；Wilson 2015）。サラ・ファリスは、ＥＵ統合プログラムの文脈のもと、移民女性たち（ファリスの事例研究はオランダ、フランス、イタリアである）が近年、高い技術を必要としないケア労働志向の「フェモクラット」（Farris 2017）によって管理され監督されているワークフェア・プログラムへと押しこまれてきたことを示している。つまり、亡命希望者から夫に虐待されている妻にいたるまで、第二波フェミニズムによって形成された、恵まれない立場に置かれた女性たちにさまざまなサポートサービスを提供している公共部門のプログラムに雇用される女性たちがいるということだ。ここでのフェミニズムの取りこみは通常、ジェンダー主流化の語彙を軸に展開され、いまではニュー・パブリック・マネージメント（N

PM）に関連したさまざまな技術と活動を承認するよう大幅に調整されている。要するに、通常はソーシャル・サービスや公共部門や社会民主主義的な理想という大きな枠組みの内部で一連の女性の平等を目指すプロジェクトとして始まったものが、「近代化」の名のもとに、そして公共部門の改革を装って一九九〇年代半ばにネオリベラリズムという対抗勢力の影響下に置かれていくこととなったのだ。ここには、コスト削減、「官僚主義的な仕事」の一掃、新しい供給者へのサービスの半私営化など、効率化の重視が見られる。このようなニュー・パブリック・マネージメントの精神は、グリューニング（2001）による精査を受けてきた。[20] NPMの精神は、「社会的なものの経済問題化」とも言える戦略において、請求者である福祉の受給者だけでなく、従業員を含む国家の福祉装置全体の費用を削減するためには欠かせないものだ（Brown 2015）。ニュー・パブッリック・マネージメントは、外注化と私営化、規制緩和、内部競争、会計監査文化、起業家的活動、そして「出来高払い」さえ含む行政部門の実践を示している。

これら女性が活躍する分野へのNPMの導入プロセスに関して、これまでのところそれほど多くの実証研究は行われていない。例外としてジャネット・ニューマンは、行政、地方政府、ボランティア（ではあるが国の補助金を受けている）といった部門内部のさまざまな年齢の女性たちにインタビュー調査を行った（Newman 2016, 2017）。ニューマンは、彼女たちの職場がネオリベラリズムの指針に関連するような変化を経験していくにつれて、「フェミニズムの影響を受けたアクティヴィズム」に重圧が加えられてきたことを彼女たちが申し立てていると説明している。こうした女性たちは、「オルタナティヴな合理性を前もって示すために」働いてきた。ニューマンのサンプルには、知識労働者、社会起業家、管理職が含まれている。ニューマンは、一九八〇年代を通じて自分たちのスキルを発展させてきた女性たちがその後、総合的な競争入札のような私営化のプログラムへの道を拓くために召集されていったことを示している。インタビューを受けた人たちは、平等な賃金などのさまざまな措置が確実に遵守されるために努力したこと、そしてこの努力にはかなり多くの「わきまえないであれこれ言うこと」が含まれていたことを説明している。ニューマンは、ニューレイバー時代にジェンダー・ワークフェア・プログラムを監督する仕事をしていた女性たちについて書く際に、そうした女性たちの活動を「フェミニズムとネオリベラルな統治との矛盾に満ちた連携」(ibid.)と総括している。ビジネスの言語がこれらのプログラムに広がっていくにつれて、ニューマンがインタビュー調査を行った多くの女性たちはフリーランスのコンサルタントや政策アドバイザーになるか、もしくはならざるを得なくなっていった。その仕事は、「自分たちの市民としての価値をビジネス的な合理性へと変換する」ためのものだった。インタビュー対象者には、自分たちが披歴することを期待されている自立の規範を具体化する必要があったため、かなりの「セルフワーク」が要求された。こうしたことを通じて、私たちはリーダーシップ、エンパワーメント、および進取の気性に重点をおいたNPMの中心へと連れていかれる。これらの指針を覆そうとするいくつもの試みがあり、そして手元にある資源を駆使して創意工夫しようとかなり努力をしていることから、全体としてみればこれらの女性たちは決して新たな正統化の単なる召使ではないとニューマンは主張している。けれども、たとえば、自分自身を個人化されたポストフェミニズム的主体として理解し、すでに自己責任の価値を吸収していて、恵まれない立場にある女性たちにこれらの価値を分配することを厭わないような、同じ部門に採用されたもっと若い女性たちに関するさらに多くの研究も行われる必要があるだろう。(21)

カントラとスクワイア（2012）は三つの事例研究を参照し、公的機関における「国家フェミニズム」が、二人の言うところの「マーケット・フェミニズム」へと変化したことを正確に示している。彼女たちは制度上のプロセスと、フェミニズムの社会政策の変わりゆく外観に関心を向けている。ネオリベラリズムが資金を求めて競争入札し、新しい資金源から資金を確保しなければならない半分私営化された、もしくは完全に私営化された組織と置き換えることで以前の古い福祉の体制を解体しようとしていることから、官民両部門で働いているフェミニストは「ガバナンスの新しい形式」に適応しなければならなかった。NPM的なフェミニズムの主体がマーケット志向であり、起業家的なものの見方を余儀なくされ、いまでは「ジェンダー平等を達成するためにマーケットを」注視するのは、まさにこうした私営化のプロセスを通じてである（ibid., p. 383）。実際、このことは、かつてであれば政府機関や地方自治体によって提供されていたプロジェクトを民間の財団に委託することを意味している。雇用を提供していた多くのプロジェクトが私営化の対象となり、そのため外部委託され非営利団体として設立されることを余儀なくされ、それはまた助成金や賞を幅広く探すこととなった。たとえば、ＮＧＯは法人部門に目を向けざるを得ないので、フェミニズムの課題の性質は必然的に変化するし、法人部門で機能している語彙は国家官僚的なものの内部にある語彙とはまったく異なっている。その言語は——しばしば技術や法律の言語の中で枠づけられた政策の言語から、エンパワーメントや大志やリーダーシップや「女性の擁護者」であることを漠然と強調するものまで——大きく転換した。こうしたマーケットへの移動は、NGOの連携部門で働いているフェミニストの側に大きな調整を要請する。NPMはそれ自体が変化を生み出す存在であり、マニュアル、メンター、ツールキット、そして一見「常識的な」アドバイスの寄せ集めによって構成されている。カントラとスクワイアが論じているように、これは、全従業員が「民間部門の管理職のように行動」(Kantola and Squires 2012) しなければならないという倫理なのだ。若い女性たちがジェンダー主流化におけるフリーの専門家やコンサルタントとして、あるいはジェンダーと多様性の専門家として、さらには女性のライフスタイルのコーチとして身を立てていくようになるのは、このような幅広い文脈においてである (Hark 2016も参照)。こうした手段によって、「専門知識」という概念に向けた「フェミニズムの目標の再方向づけ」が起こる (Kantola and Squires 2012)。カントラとスクワイアは、資金を枯渇させられたり予算削減という名目の下で解体されたりすることで、これらの変化と並走してフェミニストの取り組みもまた終了させられたことについて明確なイメージを与えてくれる。こうした変化は、「フェモクラットの崩壊」を印象づけた。カントラとスクワイアは、ジェンダー主流化が「ビジネス的に十分意味のあるもの」であり、その存在が正当化されなければならないという決定的な一手があったことをはっきりと示している。この段階にいたるまでにその語彙はさらに徹底され、もっと言うなら劇的に変化させられ、そしてこれらの語彙――たとえば「ジェンダー平等をビジネスの観点から擁護する」――を展開している人たちが事実上の「共謀した」マーケット・フェミニストたちであるかどうかという、ナンシー・フレイザーが提起していてもおかしくないような問いが突きつけられている。求職者への訓練や人材育成を供給するようなサービスを外注化したり私営化したりすることによってさらなる問題が生じる。過去においてこの作業は公共部門内で確立されたさまざまな要件と手順に従って行われたものであるが、コスト削減を行う際には基準が頻繁に引き下げられ、たとえばシングルマザーのような申請者の求職活動を監視するに足る資格をもっていないトレーナーが採用された[22]。それゆえ、以下の疑問が提起される必要がある。そのような受給者のためのプログラムはどのように考案されているのか？　かつてであれば少なくともフェミニズムの価値観のいくらかを実践していた行政の諸部門において、福祉改革はどのように進められているのか？

ジェンダーと反福祉主義

この段階において私たちは、メディアやポピュラー文化の支配的な流れとニューレイバーの教義であるジェンダー要素との交錯に起因していると私自身が説明しているポストフェミニズムの考え方が、当初認識されていた以上にいまでは女性に対してさらにいっそう敵対的なものであると――つまり反フェミニズム的なものであるとさえ――みなされる可能性があるという、過去に私自身が提起した命題を前に進めることができるだろう(McRobbie 2008)。選択《チョイス》とエンパワーメントというネオリベラリズムの言語を装って、ポストフェミニズムの言説は旧来の性的不平等を正当化し、ジェンダーを再因習化すると同時に、性差別とジェンダー不平等の新しい体制を生み出した(McRobbie 2008)。ジェンダー・メリトクラシーという考えに深く影響されたポストフェミニズムの倫理のもとで、黒人とアジア系の女性を支援するために考案されたアクセス・プログラムは廃止され、その代わりに純粋に競争的な計画が持ちこまれた。ここには三つの論点がある。第一に、「アルファ・ガール〔リーダー的女子〕」のような現象を称賛し焦点化することで、実際には新しいメリトクラシーによるいわゆる公平な競争条件にアクセスすることのできなかった人びとから注意を逸らしてしまうということ(Littler 2017)。第二に、おそらく私たちのようなフェミニストでさえ、たとえば学校や大学で女性の成功を称賛するいくつもの声によって説得されてしまい、その結果、ジェンダー間の賃金格差の急激な上昇や、若い女性に影響を与えている激しい人種差別――オックスフォードやケンブリッジにたどりつけた極めて少数の人びとが日々遭遇するさまざまな形の嫌がらせについて、しばらく経ってからそれが報告されること――への注意力を鈍らせ、そして現在進行中の現実としての性暴力と、ネオリベラルな合理性の中で不平等は避けることのできない望まれた結果であるとされる公共領域全体での新しい形の性差別について注意を鈍らせているということ。最後に、イギリスで不平等の拡大を招いた第三の要因として、ニューレイバー政府が実際に女性にとって有益ないくつかのプログラムに着手し、そのもっとも明白なものは就学前の子供の保育園のためのシュア・スタート〔貧困地域に住む就学前の子供と家族を対象としたイギリスの早期介入教育〕が提案されたということ。これは、スチュアート・ホールがニューレイバーの「ダブル・シャフル〔シャッフルすると見せかけて実際には札を動かしていないいかさま行為〕」と呼んだもの、つまりネオリベラルな価値観への傾倒によって導かれているけれども、その内部に社会民主主義の残滓的な要素が折りこまれているような課題と一致する（Hall 2003）。もちろん保育のこのような拡大は、これまでに私たちが議論してきたこと、つまり、福祉改革にとって望ましい仕組みとして仕事が優先されつづけてきたやり方にも直接貢献した。全体としてこのことは、「不平等に抗する社会」から、より個人化された貧困もしくは「標的化された」貧困という考えにうわべだけで抗する社会への移行を予告している（Zamora 2014）。間違いなく、この個人化された貧困の文化的土台は、メディアとポピュラー文化の領域内部で築き上げられている。同時に、女性を労働者に変えることそれ自体も、「社会保障を非正統化するため」の一つのやり方である（ibid.）。仕事は福祉との関係のうちに置かれるのではなく、福祉と対立するもの、つまり逆境の時代に適した必要不可欠なものとされる。自尊心を備えた現代の一人前の女性は資格のレベルがどれほど低くても、状況がいかに恵まれないものであるとしても、働き手でいることを要求され、そのことが尊敬と市民権の明確なしるしとなる。〔生活保護の受給者を「生活保護暮らしで寝てすごす」と表現した〕ジョージ・オズボーンが主張していたかもしれないと想像できることだが――働くことによって、朝、彼女はベッドから起きあがるのだ。

働く女性を称え、生活保護を受けている人びとを激しく非難するだけでは十分ではない。それどころか、非難と裁定の雰囲気を煽ろうとするたえまない努力がある。生活保護の請求および福祉への「依存性」は、非難すべき「ライフスタイル」の選択であることが身体的な面で表現される。つまり、女性向けメディア全体で規範化されるようになった女性の身体への注目の強化が、ここでは、貧しい女性や失業中の女性の身体における特定の欠陥を強調するために際立たされている。懲罰的な力学は、女性の身体だけでなく彼女の個人的な状況や環境の細部にも拡大される。このネガティブな注日によるスポットライトは、晒し上げ《シェイミング》の機能をしばしば伴っている。(23) このように福祉改革の有害な性質は、太りすぎているといったようなさまざまな形の「女性的」不満と関連づけられた定形的な語彙に重ねられ、そこになだれこみさえしている。女性雑誌やテレビ番組で取り上げられた女性たちが、太りすぎた姿の自分の写真に直面したときに自分の体を恥ずかしいと感じ、ダイエットを取り入れるよう促された経験について述べることがあるのと同様に、貧困と生活保護の晒し上げは、餌食になった人が個人的な自責の念のデータベースに手を伸ばし、より尊敬に値する立派なアイデンティティへと向うことを期待している。もし生活保護について晒し上げることが、個人的な「弱さ」へと注目を向けるためのまさにもう一つの形式であるとみなされるのであるなら、福祉改革の公共政策的な次元、つまりヴァカンの言う「貧しい人びとを懲罰すること」は、視覚メディアの統治性という体制によって隠蔽されている。

労働者階級層の悪魔化には長い歴史がある。スケッグスは、写真を通じて労働者階級を識別し分類するための一九世紀の戦略、つまり、しばしば都市の民生調査員で、スラム街に暮らす労働者階級の女性たちを眺めることに喜びを見いだしていたミドルクラス男性による、倒錯したエロティックな凝視によって増強される実践について、私たちに思い出させてくれる（Skeggs 2012 ; Walkowitz 1985）。恐れ、魅惑、欲望がこれらの調査の動機だった。そうした活動は、ヴィクトリア期のミドルクラスによる規律的なパノプティコン権力の一部として理解されてきた。そして、似たような論理が今日の無数の資料において効果を発揮しているのを見ることができる。新聞やテレビに見られる労働者階級の大部分は若い女性で、しばしば母の姿であり、服を脱ぎ酔っ払った状態のまま路上で、あるいは家やコミュニティで、視聴者の側に冷笑、軽蔑、または嫌悪感（ただし劣情をもたらすような魅力もある）を誘うような行動を取っている。恐れに裏打ちされたこの軽蔑についての長い歴史は、休眠期を経てふたたび活動を開始した。二〇〇〇年代初頭のポストフェミニズムの時期を通じて、ポピュラー文化は階級憎悪をけしかけたり扇動したりすることに関してより公然と攻撃的になり、しばしばあたかも何らかの形で主唱者を免罪するかのように皮肉に満ちた方法で表現された（McRobbie 2008）。結局のところ、左翼、ラディカルなジャーナリスト、学者たちは、この現象（たとえば、ある人びとを「チャヴ」と呼ぶ現象）を分析し異議を唱えはじめた。そのいっぽうで根底にある価値を、競争化、階層化、象徴暴力というさらに攻撃的でネオリベラルな倫理の出現のせいにした。今日のメディアによって媒介された反福祉主義は、キャメロンの連立政権の初期、そしてリディア・モリスが正確に示しているように（Morris 2016）、国の福祉法案を削減しようとする道徳的な使命について首相が行った声明にまでさかのぼれるだけでなく、またしてもニューレイバーの活気あふれた時代にまで起源をたどることができる。ピーター・マンデルソンが社会的排除防止局の設置を宣言した一九九七年のスピーチで、「負け犬」や「怠け者」、そして彼が非難している人たちの声音を借りて「成功できないという非を意地でも認めようとしない」社会階級について語るとき、タブロイド紙の粗野な言葉を真似ているし、そのような言葉を支持しているようにも見える（Skeggs 2005 による Mandelson 1997 の引用）。

スケッグスは、労働者階級の女性をメディアが「マンガ」的なイメージで中傷することについて、もっとも大がかりな分析を行っている（ibid.）。彼女たちは「太っている」とか「不快である」とか、悪い習慣——不健康な食事をしたり、タバコやお酒を飲み過ぎたり——を身体化した存在として描かれ、そうした悪い習慣は母としての能力に暗い影を落とすだけでなく、自己改善がほとんどできないとも示されている。スケッグスはまず、このような描写は、政府が福祉に割り当てている予算の大幅な削減から注意を逸らしていると論じる。次に、それらの描写は、自分たちの権威が侵食されていくのを眺めるミドルクラスの恐れや不安を示しているのだと論じている。そして第三に、彼女たちの格下げされた地位は、ネオリベラリズムの中での価値のエコノミーをしるしづけていて、その中で個人は自分自身を人的資本の単位とみなすことを執拗に押しつけられているのだと論じている。ミドルクラスの女性たちと違って社会資本や経済資本にアクセスできないことから、これら労働者階級の女性たちは無価値な存在となり、実質的には「国家の重荷」となってしまう。スケッグス流の社会学の目的は、こうした女性たちにあるがままの価値と意味を回復させ、福祉活動やコミュニティの創造など「財産化」されていない女性同士の関係に価値を与えることである。スケッグスは、階級上昇することをなぜか拒む労働者階級の文化という観点から経済的に不利な状況にある女性たちの生活を理解するよう訴え、少なくとも努力すれば社会的により上の階級の人びとからの承認を得られるだろうと言われつづけているにもかかわらず、労働者階級の文化は生産性を高め、体型を改善するよう過度に奨められることを嫌がるものだと主張している。

これは、スケッグスが提起してくれた重要な議論である。人的資本を向上させるための要件を満たしていない人びとは価値の回路から弾き出され、気づけば侮辱され、それどころか虐待されるかもしれない状態に置かれてしまう。また注目すべきは、歴史的に産業が衰退してしまった地域で暮らすことが多い深刻な貧困状態にある人びとへの生活保護の給付が、制度的に撤回されたことである。その上さらに、かつての社会民主主義的だった時代には、そのような衰退するコミュニティについてのメディアによる表象が、おそらく思いやりと共感の観点からフレーム化されていた点についても注目すべきである。たとえば、強い労働者階級の母親があらゆる困難があるにもかかわらず子供たちのために全力で頑張る姿を見せる場合があった。けれども現在のメディアのジャンルはそれらに代わって、おぞましさ《アブジェクション》の論理を追求できる「事例」にばかり注目して編集されている。おぞましさの効果を狙ってカメラが配置され、歯の欠けた、太りすぎてだらしないぼさぼさ頭の女性のショットを延々と映し出している。生活保護に依存する労働者階級女性を中傷することは重要な要素になり、あたかも彼女自身の失敗であるかのように見せることで、反福祉主義の目標をイデオロギー的に正当化するのに最適の武器となっている。この悪魔化のプロセスはまた、仕事をしている貧困層の内部に恐怖を植えつけ、疑うことなくその重荷を受け入れるように強制している。というのも、労働者階級の女性たちは、低賃金の臨時雇用で働くという一見長期的な未来を受け入れざるを得なくなっているが、彼女たちにとってそれこそが現代の労働社会であるからである。[24] このような環境において公共のメディアに媒介された中傷と象徴暴力は、階級内部にさまざまな帰結をもたらす「分断の実践」であり、偏見の炎を煽ると同時に、中傷や暴力が期待されるほどにはうまくいっていない場合でも、少なくとも「あいつら」とは違うのだという安心感を視聴者に提供している。特定の家族、さらには特定の母親を選び出し晒し上げることによって、特に彼女たちの事例が娯楽的だと想定されるような物語へと変えられてしまうときに連帯は弱体化してしまう（そして、彼女たちが「娯楽的」ではない場合であっても、少なくとも不愉快さや非難の感情を呼び起こすような身の毛のよだつ方法で語られていることは注目に値する）。私たちはすでに、福祉への依存を事実上の「不道徳なもの」として提示しようとする努力の結果として、モリスが「福祉を受けるに値するかどうかということに対する公共の理解の浸食」として言及していること、つまり一般大衆の側で同情や共感がはっきりと失われていることを強調してきた（Morris 2016, p. 101）。モリスの説明においては、イギリスがネオリベラリズムを展開する際にメディアが果たした役割について特に焦点は当てられていないし、この体制の内部で女性がどのように扱われてきたかについてもさほど注意は払われていない。それにもかかわらず、モリスは生活保護制度における消耗戦のようなものにおいて、道徳性が中心におかれ、一連の公平さ《フェアネス》の言説が動員されていることを指摘している。それは、「生活保護を受給するための条件の包囲網を広げ」、受給資格を厳しくし、「制裁の斡旋屋」と化した民間給付機関に仕事を外注し、たとえば、末の子供が五歳になったばかりのシングルマザーがただちに有給の仕事に就くためにセミナーに参加することを実現している。このような文脈において、懲罰的な制度は、仕事をしていない人たちだけでなく仕事をしているが家計をやりくりするために生活保護に頼っている人たちにも振りかざされている。政府の政治計画を遂行することに熱心な政治家たちが、公平さをめぐる議論をどこまで押し進めることができるのか見極めようとしている中、これは一つの敷居——働いているにもかかわらず労働税の控除や住宅手当を受けることは不道徳になるのかどうか——を示している。このシナリオは、モリスが「新しいフロンティア」(Morris 2016) として前提しているものである。

視覚メディアの統治性という体制は、ソーシャルメディアの非公式の力によって補充されたメディア制度によって国家装置のさまざまな鍵となる要素を集結させ、メディア制度はジェンダーに関する新しい道徳経済を創出するために、社会保障と福祉国家のさらなる解体を正当化する。ここで強調されてきたことは、いまや女性たちがどの程度、新しい労働経済の中心部に立っているかということである。女性たちによる労働市場への積極的な参加が低賃金の臨時雇用や、ゼロ時間の労働契約になる可能性がある場合でも、承認と敬意が与えられることを私たちは示してきた。公平さへのポピュラーな観念が動員され、普遍的社会保障という古い概念をむしばんでいる。そして、ソーシャルメディアを含むあらゆるメディアは許容可能なふるまいの境界線を確立しようとする道徳的物語の重要な提供者となっている。このことによって階級内での敵意が生産され、それはより広範な敵対性の風潮と、社会のさまざまな領域を横断する慈悲の心が衰退する一因となっている。現代のネオリベラリズムの言説は、女性の独立と成功への道としての仕事とキャリアに関して、リベラル・フェミニズムの概念から都合よく選択したものを使っている。このように、主に経済活動の分野に「フェミニズムの取りこみ」が行われている。ネオリベラルな価値は、下層労働者と、その人たちの隣人である働いていない人びととのあいだに敵対性を創り出すのに役立つ。全体的に見るとこのような社会道徳の再調整によって、旧来の保護制度から条件つきで制裁主導の対象を絞った供給へと変わることは、労働改革のもう一つ別の例を提供している（McRobbie 2015）。働いている女性であっても、就業中の手当てに依存しなくなるよう追いこまれている。こうしたことによって、彼女たちの道徳的地位は安定せず移動しつづける地平線のような状態となる。つまり、手に入れられたかと思うや否や、喪失される可能性があるのだ。要するに、社会保障制度への同意の敷居を低くし、その「生活保護」に依存している人びとに恐怖や不安、恥を植えつけるために、最初は仕事をしていない状態にある人びとのあいだに、そして仕事をしている状態であっても少しずつ、あらゆる反福祉主義的な〈装置《ディスポジティフ》〉が配置されてきたのである。メディアでの晒し上げによる視覚的イメージについてはより詳細な分析が求められるが、自分が誹謗中傷されるような形で取り上げられることを許している女性たちにも疑問を投げかけなければならない(25)。しかし、結論を先取りするなら、イギリスの福祉主義についての国民的イメージが、晒し上げという視覚的イメージによって、そしてそのイメージが依拠しているメディアを媒介することで保たれている距離によって浸食され、削り取られてきた方法についてては議論するまでもないほど明白だ。この場合、スチュアート・ホールが「優勢な位置にあるメディア」と呼んでいるものの効果は、個人的な変化（名指しされ、晒し上げられること）を引き起こし、その変化は次に、標的化され、条件を付けられ、制裁によって生み出されるポスト福祉主義の新たな基盤を確保する。この「道徳による風景の修復」は低賃金労働者を対象としたものでもあり、これらの人びとにとって子育て支援を含む就労ベースの生活保護は「依存」という中傷によって徐々に評判を落としている（Morris 2016）。ポピュラーな道徳への呼びかけは、社会的連帯のための潜在力を損ない、自尊心を保証するものとして女性に有給の仕事を差し出している。こうした手段によって、ネオリベラルな経営主義は、仕事と雇用という進歩的役割についてフェミニズムの精神を取りこむことで、社会民主主義者や社会主義フェミニストが数十年にわたって達成しようと闘ってきた普遍的社会保護のさまざまな形態をむしばんでいる。この公共政策の世界に刻みこまれた反フェミニズムは、発言力がなく、それゆえに応答することができない貧しいシングルマザーに向けられたときにもっとも顕著に現れる。しばしば彼女たちは交代勤務のせいであまりにも忙しいとはいえ、ストリートをうろつき、都市環境の下で育ち、もし何かのユースクラブやソーシャル・サービスがあるとしてもその数が足りていない一〇代の子供たちのことも心配している。「失業手当をもらい」晒し上げられるべきか、まともな仕事をしてそのあいだ放置されている自分の子供を心配すべきか——それが問題だ。この問いかけこそ、時間外労働をしている時間にストリートから子供たちを引き離しておくために「サービスを購入する」ことのできない女性たちに対して、反福祉主義と社会賃金の終焉が威力を発揮しはじめる場所なのだ。

第4章

「福祉国家の呪縛から脱却する」（1）

ジェンダー、メディア、貧困の晒し上げ《シェイミング》

ベヴァリッジ自身が疲れ果てた主婦たちに、地方議会の支援する休暇を奨励していた。このような家庭内の刷新と出産奨励主義者の期待による（表向きは家族を対象としているが実際には母親に向けられていた）網の目は、戦後イギリスの新たな民主主義にふさわしい声である「社会的市民権」という言葉によって縫い合わされた。（Riley 1992, p. 195）

スチュアート・ホールはサッチャリズムに関する著作の中で、一九八一年に右派のシンクタンクが出版した『福祉国家の呪縛から脱却する』というタイトルの本に言及している。この鮮やかな表現は、一種の社会的な呪文の効果が福祉とそれを支えた社会民主主義の体系を呪縛していたように国民を「呪縛」しつづけていたことを示唆している。また、思い切った行動を取らないかぎり、その呪縛は存続するだろうとも示している。右派の示唆する思い切った行動が、特に近年、二〇〇八年から二〇一八年にかけて、タブロイド紙のルポからテレビのコメディ、リアリティTVからドキュメンタリー映画にまでわたるメディアのジャンル全般で行われていると論じることはできないだろうか？　続いて私たちは、人目を引くようになったある種のメディアのジャンルがエンターテインメントの様式を意図的に利用し、国家資源が減少する原因であり慈悲にも保護にも値しないものとして、貧しい人びと、特に女性たちを一貫して見くだすように描いてきたことを点検するつもりだ。こうしたジャンルの内部で、貧困女性たちはほとんど重要視されることのない身体／集団になっている。その結果、私たちは、メディアが生政治的なやり方で、つまり、忌まわしいものとしてコード化されている身体や行動や外見にきめ細かくパノプティコン的に注目するのを目の当たりにするだろう。パノプティコン的な注目は服装、髪型、態度などの細部にまで及んでいる。福祉国家を解体する際にメディアが役割を果たしていると主張するやいなや、権力と決定についての問いが立ち上がるだろう。正統性が奪われていくこのプロセスの承認はどこから生じているのか？二〇〇八年の金融危機直後のような重要な時期に、政府とメディアはどのような関係になっていたのか？　一方には保守連立政権に続く完全な保守政権および公然と右派を支持するマスコミがあり、他方にはバランスの良い視座を提供することを義務づけられ、番組表全体に広がるリベラルな視座を挑発し、対抗的で右翼的な視座を提供している特定の番組を含んだテレビチャンネルがあるものの、その両者の関係をある種の右派同盟とみなすことはあまりにも安易ではないのか？　人びとから福祉国家を剥奪しようとするこの試みの根底に横たわっているのは、どのような種類の政治経済学なのか？

政府とメディアの関係――そしてそれと関連する「同意の捏造」についての関心――は、一九七〇年代以降のメディア研究とカルチュラル・スタディーズ全体の歴史的背景に横たわっている。スチュアート・ホールによる著作は極めて重要であり、特に一九七八年の『危機の取り締まり（*Policing the Crisis*）』の中で、ホールとその研究仲間はウェストミッドランド州の新聞における黒人の若者の犯罪――これらの軽微な暴行や強盗は「路上強盗《マギング》」と称された――が急増しているように見えるという精力的な報道と、一九七〇年代イギリスのより広範な政治的ヘゲモニーの危機との結びつきを追跡した（Hall et al. 1978）。メディアにおけるこのモラル・パニックは、政治家たちがより直接的な法と秩序に基づく社会への同意を獲得するために利用され、それに続くサッチャー時代の礎を築くばかりか、人種的ステレオタイプの強化をもたらし、その結果、イギリス社会の人種とエスニシティにさらなるくさびを打ちこんだ。こうしたことによって、ウィンドラッシュ世代のイギリス黒人たちには犯罪者であるという印象が与えられた。執筆当時、ホールはアルチュセールやグラムシのようなネオ・マルクス主義の研究を利用して、メディアとは「相対的に自律したもの」として作動し、政府と国家の全権力から一定の距離を保つ国家のイデオロギー装置であるという理論に沿って、偶発的な結びつきの結果としての独特な歴史的局面の分析を、系統立てて説明することができた。今回の研究の目的は、権力と支配の関係それ自体が変化し、技術の進歩に合わせて新しい形になっていることを考慮に入れた上で、因果関係を探るよりも、さまざまなつながりや連携を示すことにある。私たちは、デジタルメディアとインターネットが脱中心化の力として台頭するにつれて、伝統型メディアでのニュース価値の門番《ゲートキーパー》である編集デスクや、権力の番犬《ウォッチ・ドッグ》としてのメディアという以前の体制がほとんど一掃されてしまうことにより、メディアが断片化され規制できなくなるのを目撃している。こうした変化は、フーコーとドゥルーズがともに身体や人口へと向けられ、自由と自己規制を約束する権力の微視的な流れに注目していたことと非常に容易に合致する。ドゥルーズは、フーコーの著作との対話において「コミュニケーションの管理＝制御《コントロール》」としてさらに分権化されネットワーク化され、変調によって作動する権力を予測している（Deleuze 1996）。

この章はいくつかの省察を重ねるという形で書かれ、私は、ワークフェアと格闘する貧困女性の社会的位置と、メディアにあふれかえるステレオタイプによるスティグマ化とのあいだの節合について論じていく。手短に言うなら、それは、これらが一緒になって幽閉効果を生じさせているという議論である。つまり、女性は二重に封じこめられているのである。第一に、物質的な改善のためのチャンスがあったとしても、それがほとんど与えられることのない状況と環境に置かれているということ。第二に、タイラーが報告しているように、他者によってステレオタイプ化された枠組みの中で見られるという制約によって、自分自身でもそのような枠組みで自分を見てしまい、否定的な可視化の広がりから逃れるための資源をほとんど手に入れられないということ。ここからは、第一に「ソーシャル・ワーカーとしてのリアリティTV」について考察し、そこで私はウーレットとヘイ（2008）による分析を利用する。第二に、貧困を晒し上げるテレビジャンルがあり、番組を通じてスティグマが与えられ貶められていること、さらに貧しい白人女性に関する広範囲にわたるフェミニズム研究を簡潔に総括する（Tyler 2013 ; Jensen 2018）。(2) ここで私は、そのような人物の一人で、『ベネフィット・ストリート』シリーズに出演したホワイト・ディーの人物像に焦点を当てることにする。第三に、イギリスの福祉国家には人種差別がつきまとっていたことから、社会民主主義を穢れなきものとする揺るぎなきノスタルジーなどあり得ないことを解説する。そして最後に私は、現行のリアリティ番組の加勢を得て、弱者や恵まれない状況にある人口層を保護するという考えがイデオロギー的に一掃されてしまったことを述べるつもりだ。このようなリアリティ番組は、貧しい人びと、特に貧困女性を貶めるような方法で観察し、彼女たちを晒し者にして屈辱感を与え、雇用されるための能力の向上や自己責任化による自己改革へと向かわせている。私は、どのような形のケアが今日思い描かれるのか、そして、そのような計画に取り組む際に、反人種差別の側に立つカルチュラル・スタディーズとフェミニスト・カルチュラル・スタディーズはどのように役目を果たすことができるのか、という問いを投げかけるだろう。

ソーシャル・ワーカーとしてのリアリティTV？

合衆国のリアリティTVについて執筆しているウーレットとヘイは、社会福祉事業および社会扶助に関する事業が規模を縮小させられ骨抜きにされるにつれて、それらの機能がさまざまなイメチェン番組に委ねられることで、実際に何百万人もの人びとに観られるテレビ番組のフォーマットに合衆国の自助の精神を移し替えていると、挑発的に主張している（Ouellette and Hay 2008 ; see also Williamson and Littler 2018）。ここでは実際の晒し上げ《シェイミング》はそれほど示されていないが、指導や助言を通じた穏やかな屈辱が見られる。ウーレットとヘイは、人びとを導き、その結果人びとを「責任化」にいたらせてしまうテレビの特別な力について把握している。「自己学習を通じた統治の戦略」というものがあり、テレビは、政府から「一定の距離を置いた」市民の義務というこの新しい体制に組みこまれている。その使命は、「権利や福祉への依存」という考えを回避する方法で提供された行動やふるまいに取り組むことである。異なるタイプのさまざまな専門家が助言者として引き入れられ、困窮した親や機能不全に陥っている親を指導し、その結果、彼女は良き母親となる。ウーレットとヘイはここで、しばしばイギリスから合衆国のテレビ局に買われる『スーパーナニー』のような種類の番組に言及している。ウーレットとヘイは、この役割によってテレビは「政府の分析者」として位置づけられ、自分自身を磨く努力をしなければならないと人びとに絶えず語りかけているのだと論じている。「福祉国家の私営化《プライヴァタイゼーション》は、パストラルケアをメディアに委ねている」(ibid., p. 24)。このプロセスはまた、より長期的な歴史の軌跡に位置づけられ、ローズの言葉を借りるなら、近代政府が市民的な礼儀作法の新たな規範に従った活動や行動を労働者階級に奨励する方法を開発した「自由の力」を繰り返す (Rose 1999)。統治の新たな方法は、いまではテレビやエンターテインメント装置のために特別に考案されつづけている。ウーレットとヘイが、メディアのフォーマットは自己管理としての福祉という新たな定義を示していると論じるのは正しいが、(縮小されているとしても) 国や制度によるケアや福祉から、テレビやエンターテインメント企業といった商業的圏域への大規模な責任転嫁については、特に国家装置の逓減と、それが実際にどのように起きているのかに関して、より歴史的かつ実証的に跡づける必要がある。そうなると私たちは、テレビ番組を支配している語彙が、社会福祉事業部門と職業訓練センターで広く行きわたっていた服務規程に疑念を投げかけているると推測できるかもしれない。公共テレビは、無力な女性、詐欺師、不正行為をする人、仮病を使って仕事をさぼる人といった一連の登場人物の配役に焦点を当てることで、「福祉をネオリベラル化している」(Ouellette and Hay 2008)。そして、テレビの専門家に説得された生活困窮者が「人生をやり直し」、ライフスタイルを調整できるようになれば、ソーシャル・ワーカーのサービスは不要になると暗示される。これは、ソーシャル・ワーカーやチャイルド・セラピストやヘルス・ワーカーを視界から消すことによってそうした人びとを格下げし、健康的な食事から良い子育て、ご近所付き合いなどにいたる「テクニックとルールの実践的な実演」を通じて自己責任化の様式について助言する、ある領域の漠然と定義されたライフスタイルの専門家を持ち上げていくという「福祉へのアプローチ」である。ウーレットとヘイは、貧しい人びとを——私たちの事例においては貧困女性たちを——最悪の敵として類型化し、彼女たちの進路を修正する方向に進ませようとする価値観の普及について理解させる強力な枠組みを提供している。さらにウーレットとヘイの研究は、公共部門——ヴァカンはそれを「行政の分野」と名づけた(Wacquant 2005)——からメディアやポピュラー文化によるさまざまな空間に向かって、どのように象徴権力の重要な移動があったのかを理解させてくれる。このことは、社会機関での雇用者の人員が削減され、脱専門化させられていることに対応している。つまり、訓練と資格が強調されなくなるいっぽうで、起業家《アントレプレナー》としての展望や、成果報酬の仕組みの導入が強調されるようになったのだ(3)。テレビ番組は、より敵対的な指導スタイルを承認している。それは、スタッフが明確に表現された服務規程を忠実に守らなければならない国家装置の内部であれば、受け入れがたいほど非公式的で個人化されているとみなされ得るメディア教育である。それゆえ、少なくとも私たちは、専門家によるリアリティTVへのその場限りの参加スタイルが、ソーシャル・サービスや住宅紹介所や職業紹介所の官僚的体制に疑いを投げかけると示せる。合衆国の社会保障制度の形と機能全体がイギリスの福祉国家とはまったく異なっているとはいえ、ウーレットとヘイは、メディアによるあるフォーマットの台頭がいかに国家によるケアや補償の提供の衰退と同時に起きているのか、という点について価値ある分析を提供している。同様に、レジリエンス、マインドフルネス、自助といった技術もまた、いわゆるうつ病の人びとを仕事に復帰させるために設計され並びたてられた技術として、気づいたときにはイギリスの職業訓練センターに「魔法のように」移植されていた。福祉の解体という側面は、これらの部門で雇用が喪失され、アドバイザー職のあいだで非正規雇用や時給制が増加している点にも表れている。全体的に見て、リアリティTVという新たな常識《コモン・センス》が、伝統的なソーシャル・サービス、そして職業訓練センターでの生活保護受給者への繊細で思いやりある扱いの要請をむしばんでいる。ダン・フィンも指摘しているように、アドバイザーと受給者のあいだでの人間らしい対面式の接触が減ったのは、報告されているような職業訓練センターの閉鎖のせいだけではない。また、これらの閉鎖による雇用の喪失は、福祉施設の職員の削減をオンライン・サービスによって補い、映画『わたしは、ダニエル・ブレイク』が示した通り、弱い立場の人びとにあらゆる種類の問題をもたらしている（Finn 2018）。

『リトル・ブリテン』

イモジェン・タイラーがすでに指摘しているように、まだニューレイバーが政権の座に就いていた二〇〇三年に、ＢＢＣテレビの風刺番組『リトル・ブリテン』が初めて放送されたことがターニング・ポイントとなった。（Tyler 2013）。番組に登場する生活保護受給者のキャラクター一覧にはヴィッキー・ポラードという名前の、トラックスーツ〔ジャージ〕を着て、タバコを吸うひどく太ったシングル・ママが含まれている。ヴィッキーは女装したマット・ルーカスによって演じられ、貧困層や恵まれない状態にある人びとを不名誉なやり方、もしくは無慈悲なやり方で晒してはならないという暗黙のルールに違反したことで、大胆不敵なキャラクターであるとみなされた（Tyler 2008）。そのシリーズは無気力さをからかいながらも、右翼のタブロイド紙ですでに流布していた、本当は働けるのに生活保護を受け取るために病気や障害があると主張して不正受給する人びとや、公営住宅の順番待ちリストに入るために妊娠する女性といった不快なステレオタイプにも迎合した。クィアに影響された気安さとともに、皮肉や、「政治的に正しくない」ように見えるものを楽しむことで、その番組は見かけ上ユーモアを与えられていたし、トニー・ブレア自身もある演説でヴィッキー・ポラードの姿をパロディー化した。『リトル・ブリテン』が放送されていた時期に、福祉についての観念が社会問題を解決するものから、憐れむべき病理の創出へと変化した。この番組は、メディアの反福祉主義がもはやあからさまな右翼紙と特別に結びつけられなくなり、反福祉主義が主流派へとのぼりつめ定着するきっかけの一つだとみなされる。風刺的で「最先端」であることを装い、新しい若いオーディエンスにアピールすることで、『リトル・ブリテン』はすでに「第三の道」というブレアの理想の影響下にある、ますます脱政治化していく人口層に承認されていると主張した。この点について、私たちはまた、恵まれない人びとへの皮肉な嘲り――それはますますイギリスでの日常生活の定番となっているが――と、嫌悪感のある種の正当化との連続性を、ある「感情の構造」として描き出すことができる。つまり、支配的な社会集団は、そのような皮肉により「より低い階層」を公の場で軽蔑する表現――かつての社会民主主義の時代には受け入れられず、差別的であるとみなされていた表現――を平然と復活させることが、既存の階層を強化する比較的新しい方法になることを発見した。それゆえ私たちは、貧困の晒し上げ《シェイミング》が反福祉主義の感情を奨励する手段として、この軽蔑、嫌悪、おぞましさ《アブジェクション》の平面に沿って作動し、ドゥルーズがコミュニケーションの管理《コントロール》＝制御を説明する方法である変調の効果によって反福祉主義の感情が浮かび上がったり沈みこんだりすると言えるだろう。貧困の晒し上げは、より日常的な調子での残酷さ――ダイエットが女性誌の主要な特集記事になり、女性たちが自分の子供たちに恥をかかされてダイエットをすることが習慣化している文脈において、身体の晒し上げが正常化されたり軽視されたりすること――に姿をまぎれこませることができる。このようにして、生活保護のさらなる削減を正当化する手段として、貧困の晒し上げは女性たちのあいだの規範化された身体に対する一見無害な形をした不満と融合し、偽装される可能性が高くなる。

ビヴァリー・スケッグスによって確立された階級に関するフェミニズム研究では、長期間にわたってインタビューを行った労働者階級の女性たちに感じられていた「尊敬に値しない」とみなされることへの不安と恥の表現が記録されている。イモジェン・タイラーはその伝統を継承し、「社会的おぞましさ」と名づけたものについて説明している（Tyler 2013）。これはイギリスにおける現代のネオリベラルな統治の手段として日常生活の極めて広範囲にわたる領域を横断しており、スティグマ化され、市民権の要求が卑劣な手段で攻撃され、集中的な監視と取り締まり《ポリシング》の下におかれ、あらゆる種類の公的支援を受けるに値しない存在であるとみなされたさまざまな人口層にも引き延ばされている。タイラーは、スチュアート・ホールとロイック・ヴァカンの両著作を参照しつつ、生活保護受給者を含む集団に向けられた軽蔑の表現を媒介し、長い時間をかけて大衆がどのように「嫌悪感という合意」を生み出していったのか示している。そのような合意によって、モラル・パニックについて研究している社会学者が逸脱の増幅スパイラルと呼ぶもののように、実際の追放のみならず象徴的な追放によって社会的分断を強化させてしまう、一種の境界線の管理《コントロール》＝制御に沿った統治形態が可能となり、ヒエラルキーと階層が復活し、ナオミ・クラインが「社会支出の大幅削減」（Tyler, p. 209 によるKleinの引用）と表現したものが正当化される。次にこれは、ローリーが統治の不安定化《プレカリアート》と呼んでいるもの、もしくはタイラーが述べている「「社会不安」の日常的生産」という広範囲にわたるネオリベラリズム論理を織りこむようになる（Tyler 2013；Lorey 2015）。現代イギリスの職場でのスティグマ化に関するタイラーの事例研究で目下の議論にもっとも関連しているのは貧困下で生きる女性たちに関するものであり、彼女たちはニューレイバー時代にさまざまな屈辱的な言い回しで類型化されるようになった。たとえば、彼女たちの住む家である公営住宅は「カウンシル」という蔑称で表現され、彼女たちの人となりは「チャヴ」、「プラムフェイス」、「チャヴ・ママ」と呼ばれている。これらの用語は、その身体が貧困の兆候をあらわにしている若者中心の集団への口汚い虐待的な名称として、ポピュラー文化に入りこんだ。新聞やテレビでのこれらの言葉の乱用にはある自意識過剰な軽率さがあり、侮辱し、傷つけることの深刻さを軽くしているように見受けられる。というのも、「行き過ぎた福祉国家」と呼ばれるものが、向上心をもとうとする意欲を明らかに奪っていると一貫して指摘されてきたからだ。リスターが論じているように、もしアンダークラスという単語が「概念的な封じこめ」の意図を伝えるなら、ほぼ間違いなく、恵まれない状態にある女性――リアリティTVのジャンルを通じて公共の視線に晒された女性――の場合、貧困の晒し上げ《シェイミング》プロセスもまた、そのような女性たちの住んでいる通りや家が囲いこまれ、他の、もっときちんとした地域から切り離されていることとも相まって、ここで問題となっている幽閉効果をもたらしている（Tyler 2008 による Lister の引用）。

イモジェン・タイラーはまた、所属する人とそうではない人とを区別する境界線を強化し、国民の「身体」を健全な状態に戻す嫌悪の感情――不快なものを吐き出すような気持ち――を呼び起こす規制的な規範としての社会的おぞましさについて、もっとも長期的な分析を行っている。タイラーは、ジュリア・クリステヴァを大まかに参照しつつ、ある種の身体に嫌悪感を抱くことが、自分自身をきれいなものとして保つ方法だと主張する。国民は、追放者の地位に置かれた人にスポットライトを当てることで、自らのアイデンティティを確認できる。下層階級として生活する他者は、支配文化の構成要素である。なぜなら、他者の存在によって、「私たちが本当は誰であるのか」ということをたえまなく執拗に定式化できるからだ。しかし実際にはクリステヴァが主張するように、私たちは常に自分自身にとっての他者なのである。ある程度は私たち自身の自己疎外が原因で精神的な保証を与えるかのように私たちは他者を思い起こさねばならない。そして、これは識別可能な「他者」を棄却したいという欲望のようなものを提供する――「かれら」は公営住宅団地に住んでいて、「補助金」に依存する生活をしていて、あまりにも多くの子供を産んでいる、など。これらは、「分類という暴力の効果」である。ひたすら繰り返されることでキーワードやフレーズは公共の語彙や簡略化された言い回しの一部になり、そのような言い回しはかつては好ましくないものだったのに、いまではふつうのものとなった。けれどもタイラーは、階級の憎悪と貧困の晒し上げというこのスパイラルに燃料を投下している「チャヴ」のようなステレオタイプへの標準的な左翼ジャーナリズムの反応を批判する。労働者階級の文化や生活に内在する良識を強調してこの語彙に反対することで、善意に満ちた左派寄りのジャーナリストは、悪役扱いされている労働者階級の側に「かれらはこんな存在ではない」と入れ知恵するかのように二項対立を強化してしまう。しかし、こうした対抗手段は単に悪い労働者階級に対して良い労働者階級を突きつけているだけで、このような品位を貶められたイメージやステレオタイプの構築や循環において何が問題となっているのかほとんど説明していない。タイラーによると、貧しい人びとや脆弱な人びとと反感や嫌悪を結びつけるイメージや物語の持続的な生産こそ、調査される必要があるという。この否定の効果は伝染性のものであり、恨み、憎しみ、社会的敵対性といったより広い流れに送りこまれる。それは日常的な暴力の風潮を煽り立てる。女性同士を競わせることで、メディア側によるこうした日々の文化的な仕事は、永続的な政治効果を生み出しているように見える。これらの手段によって、潜在的なフェミニストの連帯の縫い目はまぎれもなくほどかれていく。そしてそれは、二〇〇三年以降にイギリスのポピュラー文化に描かれる日常生活の中で明確な特徴となり、一〇年以上にわたって私たちとともにあるのだ。

右翼紙でのニュース報道ジャンルが長年にわたって女性たち、通常は母親たちをネタにしてきたことは疑いようのない事実である。彼女たちはだらしない外見をしていて、失業状態から抜け出す意欲のない生活保護受給者として描かれてきた。彼女たちはいかにも自由な時間と収入を謳歌していて、そのおかげで休暇旅行すらできている。もしくはこの「税金」を浪費する方法についてジャーナリストに進んで語ろうとし、子供たち（しばしば「ガキども《ブルード》」と呼ばれる）と一緒に写真を撮るためにポーズを決め、屈服しているようには見えず、厚かましささえ感じさせる。このジャンルの、しばしば有害で偽りの報道がほぼ見過ごされてきたことにはさらに驚かされる。しかし、この種のイメージがタブロイド紙の紙面からテレビ番組に入りこんでいくにつれて、誰よりもまずフェミニストの研究者たちがこれらのジャンルを分析するためのツールや方法論を開発しはじめ、女性オーディエンスにも注意を向けるようになった（Skeggs and Wood 2012 ; Wood and Skeggs（eds）2011 ; Allen et al. 2014 ; Tyler 2013 ; Jensen 2018）。最近になってド・ベネディクティスらは「事実に基づく生活保護TV番組」と呼ばれる新たに発展しつつあるフォーマットに特に焦点を当て、研究の全体像を洗練させてきた。この表現は、ポピュラーな娯楽の要素を提供することも目的にしているテレビ・ドキュメンタリーのためのフォーマットにおいて、福祉制度が中心的な位置を占めていることを示している。これらの番組の中でもっともよく知られ成功を収めたのは、二〇一四年に最初に放送された際にチャンネル4の視聴者を約五〇〇万人集めたリアリティTVシリーズ『ベネフィット・ストリート』だった。ド・ベネディクティスたちは、このFWT〔事実に基づく生活保護TV番組〕という新ジャンルの意義――「人気のある「事実に基づくテレビ番組」の倫理とエコノミーについて、テレビ業界内部での魅力的な反省の機会」（de Benedictis et al. 2017, p. 338）――について貴重な分析を行っている。彼女たちによると、『ベネフィット・ストリート』は「ただ単に実社会を反映しているだけではない。むしろ実社会を構築し、貧困と福祉についての国民の理解を形成することによって、緊縮財政という現在の大事な局面に強力なやり方で介入している」（de Benedictis et al. 2017, p. 352）のである。このパフォーマティヴな効果の特性は、その番組が放送された期間とその後に、社会のあらゆるレベルの、非常に多くの異なる集団からの注目を集めたという事実から生じている。それは、ポピュラーな言説における参照点、つまり生活保護システムについて議論するための基準となった。ここから先の目的は、共感を呼びつづけるパフォーマティヴな効果の特徴を強調することであり、福祉と社会民主主義の理想がネオリベラリズムに攻撃されたことによってもたらされる、幽閉的な女性性と女性の封じこめという概念に光を当てることである。私は、貧困層や脆弱な人びと――私たちの事例においては女性たち――を複合的なスティグマ化の対象にさせつづけるプロセスについて説明したい。私はすでに、これらのメディアのフォーマットにおいてエンターテインメントの価値という考えが、貧困女性と見せかけの共謀を図るとともに、より悪意のある意図を偽装するために機能することを指摘した。私たちはいまやこのような指摘に、人口全体に影響を与えるものとしてイデオロギー的に仮定された緊縮財政という価値観へ大衆を動員したこと(ジョージ・オズボーンが二〇〇八年の金融危機の後に「我々はすべて、この状況の中に一緒にいるのだ」と述べたように)、そしてまさに動員のアピールが「福祉国家の呪縛から脱却する」ためのさらなる手段としてあまりにも容易に利用されたことを隠蔽している点をつけ加えることができる。要するに、賃金凍結によってポケットのお金がほとんどなくなり誰もが窮地に陥っていると感じているのなら、働くことを避け、税金に頼っている人たちもまた苦しめられるべきではないのか?というわけだ。したがって、ここには二重の隠蔽のプロセスがある。一つは日常生活やハビトゥスを晒しものにされている不幸な人びとを食い物にしてでも、テレビの娯楽とオーディエンスの喜びを約束すること、もう一つは、いまや緊縮財政の時代であるとさらに広く主張することの隠蔽である。つまり、『ベネフィット・ストリート』のような番組は「経費を削減する」以外に国民に選択肢などないという事実に焦点を当てた多くの番組の一つにすぎなかったのだ。

ホワイト・ディー

『ベネフィット・ストリート』は、バーミンガム市ハンズワースのウィルソン・グリーン地域が舞台で、生活保護の給付金に日々の生活を頼っているご近所グループのメンバーに焦点を当てていた。彼女たちの生活の物語を一つにまとめていたのは、ホワイト・ディーとして皆に知られていた女性であり、その通りの住人の中でもっとも人びとを惹きつけてやまない人物である。彼女は二人のミックスレイスの子供のいるシングルマザーであり、どのような状況下でも強さを見せるキャラクター性と番組への参加を通じて地元の有名人となり、確実に仕事を提供してもらえることになった。そして番組終了後に、彼女はこれらの多くの機会を受け入れた。皮肉なことにホワイト・ディーは、第1章で述べたような、かつての労働者階級に関するジャンルの小説において、その後はテレビのソープオペラで尊厳と尊敬と愛の場所を占めていたが空席となっていた、失われた強い労働者階級の女性という席を埋めたのだと言えるだろう。けれども現代では、このような人物は社会的に下降移動している。確かにホワイト・ディーは、どのような理由であれ現行の政策の中で尊敬に値する地位を勝ち取るために今日要求される、ある種の人的資本を発展できる資源と蓄えを欠いた多くの人びとの運命を象徴している。しかしオーディエンスと同様に研究者がホワイト・ディーという人物像に執着するようになったことから、私たちは、何を学ぶことができるのか？そして、過去一〇年間におけるイギリスでの反福祉主義の風潮におけるおぞましさ《アブジェクション》について、そして貧困の晒し上げ《シェイミング》について、彼女は私たちに何を語りかけてくれるのだろうか？『ベネフィット・ストリート』は、五つのエピソードとそれに続くディベート形式での番組の中に、スチュアート・ホールがポピュラー文化の政治に関する文脈で書いている緊張感、そして対抗的なヘゲモニーと抵抗的な要素の密やかな出現を明確に示していた（Hall 1981/1998）。その番組は、ホワイト・ディーが主役を演じたおかげで、反福祉主義という指針を追認すると同時に、意外なことに一瞬のうちにその指針を弱体化させもした。彼女は、「良いテレビ番組」に資する魅力的なパフォーマンスを提供することによって、高い視聴率を維持しつづけた。その番組は、バーミンガムのその通りの住民を、生活保護受給者としての地位に共通の道徳的に欠陥のあるキャラクターとして見せびらかし晒したため、主流のメディアとソーシャルメディアからの大量の憎悪と敵意を引き出した。しかしホワイト・ディーの姿は、喫煙者であり太りすぎのシングルマザーであるにもかかわらず、人びとの関心と共感を呼び、心を惹きつけてやまなかった。キム・アレンらは、ホワイト・ディーの人格についてさまざまな読み方が重なり合っていることを明らかにした（Allen et al. 2014）。第一の読みは安っぽい洋服、タトゥー、吸い殻のあふれる灰皿、そして通りに捨てられた古いソファを含めたホワイト・ディーの居住地域に見られる貧しさの残骸をカメラがぐずぐずと映しつづけるときに、彼女はおぞましい者の代表的存在となるというものである。次に二つめの読みとして、ある転回点が生じる。コミュニティの中で果たしている積極的な役割によって、ホワイト・ディーはあるちょっとした英雄的地位を得るのだ。そしてこうした見せ方のもとで、ホワイト・ディーは最終的に自分自身を向上させ、より高い目標を目指すことのできる人になるだろうという物語的な期待が生じる。アレンらが指摘しているように、さまざまなジャーナリストによって表現されたこのような示唆は、労働者階級の女性はより高い社会的地位に身を置こうとする場合に限って価値を生み出すことができるとするスケッグスの議論を追認している（Allen et al. 2014 による Skeggs の引用）。そのような上昇志向がなければ、依存しているように見られる恥ずかしさしか残らない(4)。第三の読みは（私としては少し説得力に欠けると感じているのだが）、自分の資源を最大化し、さまざまなパフォーマンスの指標を通じて自己を効率よく利用するというネオリベラリズムの熱狂的な要請によって女性の生活ペースが決定されることのなかった（過去の）別の時代へのノスタルジーを、ホワイト・ディーは上手く利用しているというものだ。アレンらは、ホワイト・ディーがネオリベラリズムに要請される期待を無視して「母親でいる時間」を選択することを、ミドルクラスの女性視聴者がうらやましくさえ思うかもしれないと主張している。そのような視聴者は、視聴するという行為を通じて現在の人生設計には明示されていない社会への「憧れ」を示し、「過酷で処罰的なネオリベラル国家の監視から脱出」しているのだ。第四の、そして最後の読みであるが、アレンらはケアとソーシャル・サービスを間引きしてきた緊縮経済という文脈のもとでのホワイト・ディーによる無償労働に注目している。彼女は病院を予約した隣人に付き添い、生活保護の給付に関する問題について助言する。ゆえに彼女は、堕落した女性のシングルマザーであるというよりも、むしろ多文化社会のエネルギッシュな労働者階級の女性性を体現し、人種差別による虐待から子供たちを守っている。

フォーク・デビルス〔民間伝承やメディアの表象を通じて、社会問題の原因となる逸脱者として悪魔化された人物や集団のこと〕に関するリストを伴ったタブロイド・メディアに主導される反福祉主義の強烈な力は、この事例ではホワイト・ディーという白人労働者階級の女性主体の人物像のまわりに現れる複数の意味を封じこめるのに苦労した。このことは、上述した幽閉効果では収容者を完全に抑えこむことができないという点とまさに一致している。権力を微視的・物理学的に見れば、そこにはたえまない闘争があることが明らかになる。このことは、次いで社会的ステレオタイプを「包摂」し、再包摂しようとする微細な動きの中にもっとも顕著に表れている。ホワイト・ディーはおぞましい女性の人物像として、彼女をそのような人物たらしめる仕掛けがあったとしても、誇張して言うなら「それ以下の存在であるために、それ以上の存在」でなければならないが、むしろ彼女が伝える堕落した主体性は、単に境界画定の実践（「私たち」は彼女たちとは異なる存在であるということ）であるだけでなく、規範が不安定化する瞬間を示してもいる（McRobbie 2005）。ホワイト・ディーは現に、実際に放送されたシリーズのフレーム外であっても晒し上げの効果に異議を申し立てている。彼女は後に自分自身を擁護し、生活保護を受給する前に仕事をしていた記録があり、シングルマザーになる前の一二年間は男性と長期にわたる関係があったことに言及している。ここでホワイト・ディーは、「私はそんなんじゃない、私はまったくあいつらとは違うんだ」と語っている（それによってタイラーの告発に応じている）と同時に、まさにそうした観点で彼女や、またそれとなく他の人びとを見る人たちにも挑戦している。このことは、さまざまなメディアスケープを横断してさらなる反応の連鎖を次々と引き起こし、国家が恵まれない人びとを放置する際に貧困女性をスケープゴートにすることで格好の標的が成り立っている点に挑み、異議を唱え始める。ホワイト・ディーは献身的な母親であり、番組の放送終了から数ヶ月後、仕事のオファーがあるにもかかわらず、子供たちと一緒にいられなくなってしまうからキャリアの追求は望んでいないと宣言した。ホワイト・ディーはさらに、自分の階級アイデンティティを誇り、地域とバーミンガムの街に愛着を持っていた。「ハンズワースが大好き。あたしはバーミンガムの若い女で、荒っぽい方がいいんだ」（Aitkenhead 2014）。ホワイト・ディーはさまざまな晒し上げのメカニズムに気づき、自分は助言している隣人を気づかえる人物でもあると証明することでそのメカニズムを覆している。このことは、何らかの形で道徳的に模範的だというイメージにホワイト・ディーを固定するのではなく、むしろステレオタイプ化の手段がヘゲモニー闘争のプロセスの中で展開されていくときに生じる横滑りがあると指摘することなのである。そこには、代替的な説明が出現するための断片的な裂け目がある。その裂け目から、ホワイト・ディーのような人物がポピュラーな労働者階級の記憶をよみがえらせ、過去の時代のコミュニティにおけるケアの必要性と、依存や脆弱さの承認を具現化させるのだ。

黒人女性、「福祉の女王《ウェルフェア・クイーン》」、反福祉主義のメディア

幽閉に次ぐ幽閉がある。おぞましい《アブジェクト》とされる身分であるにもかかわらず、ホワイト・ディーは白人としての特権をもっている。タイラーは、浪費的で無気力で失業状態であることが明らかになると、白人は標準的に認められている人種的な不可視性という利点を失うことから、以前であれば「アンダークラス」と呼ばれていたかもしれないものに言及するために「ホワイト」という言葉が使われるようになったと指摘している。つまり、白人が自分たちの「好ましくない選択《チョイス》」によってそのように落ちぶれてしまったときに、「白人労働者階級」と呼ばれるようになるのである。スチュアート・ホールは何年も前に、人種は黒人にとって、階級関係を生きるための様態であると論じていた（Hall et al. 1978）。人種を階級に折りたたむことはできないし、私たちが知っているように、イギリスの路上での黒人労働者階級の人びとの生きられた経験と、白人労働者階級の人びとの生きられた経験とのあいだには桁違いの格差がある。ミドルクラスの黒人女性は、歴史的に行きわたった人種差別の力をたえまなく受けつづけることになる。これは、ドナルド・J・トランプがホワイトハウスに入って間もない頃、彼の盟友でバッファローの教育委員会のメンバーであるカール・パラディーノがミシェル・オバマに関して非常に攻撃的で性的対象化するコメントを出したことにもっとも顕著に表れていた(5)。社会的な分布のもういっぽうの端では、黒人労働者階級もまた、社会構造における自分の地位が人種によって「決定的に」重層決定されていると分かっている。イギリ

スでは、ウィンドラッシュ世代の人びとが本国に送還されていたことが最近になって暴露された際――かれらの大多数はイギリスで働き、しばしば公共部門、特にＮＨＳ〔国民健康保険〕で働いて税金を納めていたにもかかわらず、一九八一年の国籍法の変更によりカリブ海諸国に送還されたのだが――この出来事によって低所得の黒人労働者階級が、白人労働者階級とはまったく異なった脆弱性のカテゴリーの中に存在していることがまさに示された。このことは、イギリスにおける白人労働者階級と黒人労働者階級のあいだに差異があることを強調している。ミドルクラスの黒人であっても、本国への送還という脅威を免れるわけではない。

ホワイト・ディーというニックネームは、隣人の黒人ディー・サモラと区別するためにつけられ、彼女が多文化社会のバーミンガムに住んでいることを率直に示している。また、白人労働者階級と黒人労働者階級の人びとが、貧困や苦難を経験しながら混ざり合い、結婚し、子供を産んで一緒に暮らしていくことが、いかにあたりまえでふつうのことであるか伝えている。それでも、黒人女性が『ベネフィット・ストリート』の表舞台に立つことに私たちはあまり賛同しないだろうし、テレビ局のプロデューサー側でも人種差別だという誇りを恐れるあまり、黒人女性たちを表舞台に招待することはなかったにちがいない(6)。もし黒人女性や黒人コミュニティ全体が、生活保護依存やいわゆる不規則な家族関係という文脈で常に偏見をもたれているとするなら、リアリティＴＶのスポットライトを浴びることは、人種化するまなざしの強化として認識されるしかない。バーバの研究を手直しして述べるなら、ステレオタイプ化され晒し上げられた白人女性は、ある程度の厚かましさを示し得る。たとえば、白人女性が視聴者をまなざし返すことは確かに、黒人女性には得ることのできない白人女性のある種の市民権や帰属意識を暗示している。そのような瞬間に、黒人女性はすぐに人種的な分類という不可逆性に絡めとられ、危険なものとしてみなされ、そうであるがゆえに国家体制への帰属が常に疑問視される黒人という他者の縮図として見られている（Bhabha 1986；McRobbie 2005）。これは、黒人女性には人種化するまなざしを揺るがす能力がないと言うのではなく、知と権力の異なる体制が、これらの特定の可視性の表現に投資されているということなのだ。バーバの言う人種的ステレオタイプは、植民者の視線を固定しないようにするための非常に小さな空間、つまりある操作の余地をまさしく約束しているが、誰がどのような状況下でステレオタイプ化されているのかに応じて、その余地は不公平なものとなる。バーバの議論にとって鍵となるのは、これが知の戦略でもあり、支配する力が被支配者である他者を何度も繰り返し知ろうとし、押さえつけようとし、服従させようとする手段であるということだ。彼または彼女は網の目をすり抜けつづけているからこそ、彼や彼女について「よく知られている」ことを際限なく繰り返すことになる。生活保護を受けている白人女性たちが税金を使って通常の休日以外の日に出かけたり、あまりにも数の多い「ガキども《ブルード》」のあいだに座っていたりする姿が映し出されると、視聴者やオーディエンスにまなざしを返す彼女たちの明らかに恥知らずな厚かましさは、メディアでは広く非難されるにもかかわらず、彼女たちは何も間違ったことをしておらず、生活保護制度から受け取るべき権利のあるものを受け取っているのだということも示唆している。生活保護を受けている白人女性たちは、反抗的で反省しない。黒人女性は必ずといっていいほど、より広い範囲で罪を犯しているものとして理解される。長年受けつがれてきた人種差別は黒人女性の身体に人種差別を押しつけているため、黒人女性は最初から、そして支配する諸力の観点から潜在的に犯罪者とされるか、もしくは何らかの違法な手段で受給者の地位を得ているとされる。しかし、白人女性は単に生活保護を受けていることを恥じているだけであり、仕事をして外見を改善すれば名誉を回復できるかもしれないとされる(Gilroy 1987)。生活保護を申請する白人女性が犯罪行為をする可能性が示唆されはするものの、その理由は主にヴァカンが主張しているように、福祉自体が刑事司法の制度に近づきつつあるというものである。生活保護を受給すれば犯罪行為をするだろうという関連性は黒人女性にとって長いあいだ存在しており、政治的な議論の表面に浮上した反福祉主義の言説のさまざまな波によって強められているに過ぎない。おぞましいとされる白人と黒人どちらの女性のカテゴリーも結果的には監視と調査の対象となるが、白人女性は生活保護の変更によるこの懲罰的な環境が何か新しいものであると感じるのに対し、黒人女性の場合、福祉制度は常に彼女の資格に異議を唱えつづけてきた。ホワイト・ディーは労働組合員の家庭育ちでアイルランド出身の白人労働者階級女性としての帰属意識を当然のように持っている。これが彼女を「うるさく」、「おしゃべり」にさせている。彼女の隣人である黒人のディー・サモラは、それとは対照的に露出されることを恐れ、ホワイト・ディーが番組参加に同意したことを最初から批判していたと報じられている。

さまざまな批判的人種研究者が示してきたように、尊敬に値する社会的地位という理想は、性的な人種の類型化という暴力を蔓延させるという具体的な理由によって培われたものであるが、黒人女性が社会階級の境界を越えてどれほど努力したとしても、それでもなお、その理想的な地位は黒人女性から遠ざけられてきた（Rottenberg 2008）。ヘイゼル・カービーは一九八七年の画期的な論文で、合衆国では資格に関係なく黒人女性が労働市場から排除されてきた二〇世紀の歴史を読者に思い出させている（Carby 1987）。制度化された人種差別の執念深く執拗な性質は現在にいたるまで続いており、黒人女性の生産能力および再生産能力にまで及んでいる。イギリスの福祉国家時代のさまざまな部局の内部では、黒人女性は白人女性よりも集中的に取り締まり《ポリシング》を受け、監視の対象とされ、あからさまに非難されてきた（Lewis 2017）。黒人女性の妊孕性は、特に一〇代の妊娠の領域においていっそう集中的な介入の対象となり、黒人女性の身体はセクシュアリティと欲望の表現集において、まったく異なる基準で対象化されている（Phoenix 1991）。シリアムが最近になって論じたように、イギリスの福祉国家は、最初から帝国の文明化プロジェクトと重ね合わされていた（Shilliam 2018）。それは、価値のある貧困者と価値のない貧困者とのあいだの人種的な区別を前提としていて、前者は暗黙のうちに白人男性であり、したがって、その地位に付随するすべての権利を伴った熟練労働者のランクに昇格する価値があり、その妻は、第3章で指摘したように、家族賃金の枠組み内部で保障されていた。これらの議論は、一九八〇年代から一九九〇年代にかけて、そして実際には今日にいたるまで、アヴター・ブラー、アン・フェニックス、ゲイル・ルイスなどのフェミニスト著述家を含む、さまざまなイギリスの黒人・アジア系の研究者たちによる洞察を生み出してきた。黒人とアジア系の人びとは福祉の初期段階から安価な労働力資源として想定され、さらに黒人とアジア系の女性は低レベルの家事労働に従事させられ、彼女たちの実際のスキルや資格レベルよりもはるかに低い水準で雇用されることが多かった。この安価な労働によって戦後イギリスの経済は、彼女たちよりも「裕福な労働者」に家族賃金を供給することが可能になった（Goldthorpe and Lockwood 1968）。

このような文脈のもと、看護師の資格を持つ女性はほとんどがNHSに、男性は公共交通機関や非熟練の肉体労働にという内務省が決定した条件のもとで、ウィンドラッシュ世代が一九五〇年代初頭に戦後復興期のイギリス都市部の労働市場に入りこんだ。さまざまな書き手やアクティヴィストやアーティストたちは、イギリスのエスニック・マイノリティが、熟練した労働者階級が得られるものより高水準の労働関連給付（年金など）をもらえないばかりか、公営住宅や良い学校へのアクセスなどを含めた福祉の装置に関連する商品やサービスからの排除を経験してきたことを、長年にわたって説明し、分析してきた。この歴史的文脈の中で、スチュアート・ホールとポール・ギルロイがそれぞれ説得力をもって主張しているように、イギリスの黒人がイギリスという国家と遭遇してきた主要な手段は、警察による取り締まりだった。そして、この日々直面するリアリティが、その後の福祉国家装置との出会いを定義し、形作っている（Hall et al. 1978 ; Gilroy 1987）。結果的に、これは福祉の再分配機能と称されるものに、長く深い影を落とすことにはならないのだろうか？この問いには「影を落とすだろう」と答えるのが良いだろう。最近シリアムは、まず二〇世紀の最初の数年、そして一九四〇年代初頭からの時期をさらに強調してイギリス帝国支配の終焉の日々を福祉国家の設立と結びつけることで、イギリスの福祉制度と人種に関する議論に重要な貢献をしている。シリアムは、一九四〇年代初頭に、国内の企業と労働者の合意に基づく同盟である「国民協定」の恩恵を受けるべき「血統の良い」貧困層と、カリブ海諸国やインドやパキスタンからの移民人口で構成されたサービスを受けるに値しない都市部の新しい居住者とのあいだに明確な分断線がふたたび引かれたことを示している。新しい福祉国家は、社会賃金を提供することが和解の手段となっているこの国民協定を背景に発展し、そして国民協定は、白人の労働組合主導の階級闘争に対抗すると同時に、社会的再生産と家庭生活のために現物支給を行っていた。労働人口の一定層の人びとは非公式の人種差別の壁によって、黒人やアジア系労働者の採用を差別するクローズドショップ制度を運営していただけでなく、非熟練部門にも熟練労働者と同様の賃金や資格を獲得させる方法を見いだした。その結果、保護主義的な倫理が発展し、黒人やアジア系労働者は、さらに低賃金の労働部門に押しやられてしまった。イギリス「家庭」の女性市民を対象としたベヴァリッジの調査と、カリブ海諸国出身の黒人女性を対象としたモインの調査による二重の効果によって、白人の側では家事をして母になることを通じた市民権が奨励され、カリブ海諸国出身者は白人の核家族モデルを採用し、新たにイギリスに到着した移民であることから家族生活の困難に政治的な注意が十分に払われることのないまま、非熟練部門でしばしば労働時間外の時間帯に働くことを推奨された(7)。国民協定は最初から人種化された事業であり、シリアムが主張するように、サービスを受けるに値する人口層とそうではない層のカテゴリー分けを導入するための新たな取り組みを伴っていた。シリアムのここでの記述は、優生思想が白人以外には不利益になるよう一貫して進められていたこと、そして福祉国家が常に人種の階層化と人種に基づく労働の分割という考えに浸されていたという点に取り組み、指摘することで、より長い歴史的視点をもつことの有効性を示している。重要な転機となったのは一九七〇年代に脱工業化が始まり、白人男性労働者とその家族が社会的に下降移動しはじめたときだ。かれらはサービスを受けるに値しない存在になったことで白人性という無徴の地位に「泥を塗った」のだが、ここでの重要な要因は、組合を弱体化させようとする闘いの際に、サッチャー夫人が国民協定を破棄するために尽力したことである。サッチャーは、国民協定はあまりにも寛大であり、依存性を生み出していると主張した。シリアムは、労働改革が福祉改革といかに密接に結びついていたのか一挙に示し、マーガレット・サッチャーの政策が、サービスを受けるに値しない人びとのカテゴリーを拡大させたこと、そしてその結果、シングルマザーや問題ある家庭といった新たな社会問題を生み出したようだと指摘している。この章のタイトルを提供したシンクタンクが、一九八一年のパンフレット『福祉国家の呪縛から脱却する』を通じて公論の先頭に立つようになったのも同じ時期である。したがってシリアムの研究は、福祉が急進的な改革の対象となった地点をたどる上で重要である。ここにいたるまでには長い月日がかかり、何年にもわたって左派が右派と共同歩調をとり、合衆国の語彙がイギリスの政治文化の内部で採用されるようになるにつれて、戦後の福祉は依存を生む悪いものであったという党派を超えた合意が展開されている。合衆国において、これは「福祉の女王《ウェルフェア・クイーン》」という人種化されたステレオタイプが大々的に報じられるようになったことで頂点に達した。一九九六年のクリントンからトニー・ブレア（ドイツではシュレーダー）にいたるまで、社会民主主義は変容し空洞化させられ、再分配主義的な目的を刈り取られ、資本主義が従業員に課してきた悪業の数々を補償してくれるかもしれないという考え（これまで見てきたように、この補償は部分的なものであり、主に白人労働者階級と白人ミドルクラスに恩恵を与えていたにすぎないのであるが）は剥奪されてしまった。

私たちはいまや、「福祉の女王」という不愉快なステレオタイプが、当初意図されていたヘイト行為を完全に上回ってしまったと推察することができるだろう。そのステレオタイプは時間の試練に耐え、人種的想像力の中で重要な視点でありつづけ、他方、黒人女性の無意識の中にそのイメージを浸透させ、人種的憎悪をぶつけてくるその他の中傷的な呼びかけとともに、恐るべき存在感を確立してきた。そのステレオタイプの権力と影響力の大きさについては言うまでもない。「福祉の女王」はまさに、現代の黒人女性への人種差別的ステレオタイプの代表選手なのだ。実際にこの言葉は、ビル・クリントンが思い描いていたような「福祉の廃止」を――しっかりと人種差別化しながら――開始し、その中心に居座った。これまで見てきたように、イギリスではアフリカ系アジア人や移民人口のために真の意味で福祉が適用されたことはなかったが、一九六〇年代に設立された「貧困との戦い（War on Poverty）」計画に対する右翼の反発についてメリンダ・クーパーが説明する際に示されているように、合衆国での「福祉の廃止」は、紛れもなく最初から黒人のことを念頭に置いていた（Cooper 2017）。この反福祉主義がその後数十年にわたり、ここまで見てきたような白人女性のステレオタイプという新しい体制下で白人層に展開されたことによって、反福祉の感情が、戦後の短い年数の「人道主義」後のそう遠くない時期から現代的な統治の特徴となってきたことを示している。

ローラ・ヤングは、ニューレイバー政権の時代に声高に提唱された新しい上昇志向について、黒人女性の雑誌が、髪や爪に関して露骨すぎるエスニシティのしるしを手放し、「標準的に」手入れされた体を好むよう促すやり方について記述している（Young 2000）。それはあたかも「福祉の女王」といういかがわしいイメージが、黒人女性の身体性の縁に取り憑いているかのようだ。最近では、『ニューヨーク・タイムズ』紙の記者によって、補助金の支援を受けた卵子凍結治療を提供しているハイテク企業の雇い主側による平等への目配りが、人種に関しては不平等に配分されていて、黒人女性が生殖技術にアクセスするにはさまざまな障壁に直面せざるを得ないことが報告された（Allen 2016）。サンフランシスコからの最近の報告では、同様に黒人女性の出産経験が人種的偏見によってどのように形成されているかにも注目が集まっている――こうしたことは、産科病棟にいるあいだ、死にかけるまで病院のスタッフに症状を聞かれなかったというテニスのスター選手セリーナ・ウィリアムズの告発の真実味を増している。結局のところ、ドナルド・J・トランプが言うように、「黒人女性たち」は「鼠算式に子供を増やしていく《ブリーダーズ》」と考えられているのだ。黒人女性の人種的ステレオタイプ化の歴史は、このように、晒し上げ《シェイミング》という実践による白人女性労働者階級の身体のおぞましさ《アブジェクション》に関して、若干の見直しを余儀なくさせる。私たちは、脱人間化は変動するという考えを提案できるだろう。加えて、黒人やエスニック・マイノリティ女性がリアリティTVによる貧困層の嘲笑の対象にならないとしても、そのような女性たちはテレビの中で白人の仮面をかぶることで不可視化されつつ、サブリミナル的に存在していると主張することすらできるだろう。貧困によって晒し上げられた白人女性は福祉の削減を加速させるが、福祉の削減は母親が長時間労働や低賃金のサービス部門でのシフトワークで働いている、しばしばひとり親世帯の黒人やその他のエスニック・マイノリティの集団にあまりにも多くの影響を与える。これらの手段によって、視覚メディアの統治性の諸形態は白人性について普及した言説と、白人層を晒し上げるためにこじあけられた可能性を利用し、イギリスの黒人やその他のエスニック・マイノリティの人びとの生活条件を悪化させている。このように、報道というジャンルやテレビの娯楽ジャンルから生じる隠された価値がある。それらは転移の効果によって、二倍の仕事をしている。貧しい黒人女性やエスニック・マイノリティ女性は概して声も上げられず代表されることもないままであり、二〇一一年のイギリスでの暴動の余波や、最近では二〇一七年七月にロンドンで起きたグレンフェル・タワーの火災の後など、危機的な状況に陥ったときにしか注目されない。そして、アンドリュー・オヘイガンによるその後の記事が示しているように、黒人女性やマイノリティ女性の大多数は低賃金の仕事に就いている。彼がインタビューした女性や、火事で亡くなった女性のほとんど一人残らず全員が、ロンドンの低賃金の労働部門に所属する従業員だった。被害者女性のほとんどが、グローバル・シティのサービス部門に不可欠な、地元の商店や店舗、介護サービス、健康関連の仕事に就いていた（O'Hagan 2018）。

上述したようなある種の貧困の晒し上げ《シェイミング》という実践を売り物にするリアリティＴＶのシリーズがどのように作られるのか、もっと多くの注意を払う必要がある。ド・ベネディクティスらがこの研究を始めたときには彼女たち以外にも研究している人がいたようだが、ド・ベネディクティスらの先駆的な論文には、テレビ局のプロデューサーが生活保護受給者や貧困率の高い地域に住む人びとに焦点を当てた番組を制作するという決定を守るためにさまざまな戦略を採用していることが示されている（de Benedictis et al. 2017）（ド・ベネディクティスらによると、通常これは、ほんの一握りのテレビ内部の関係者が、自分は公営団地で育ったとか、労働者階級の出身であるなどと主張する形で行われる）。けれども、フェミニズムの研究にとって重要な問題は、編集デスク《ゲートキーパー》や編集者に焦点を当てて、制作プロセスに接近することである。テレビ制作の専門家に『カウンシルハウス・クラックダウン（公営住宅の取り締まり）』のようなシリーズを作らせた要因、そして「おぞましい《アブジェクト》」労働者階級の集団を指定し、そのような集団を作り出すような言葉を繰り返して、その使用範囲を拡大する番組を実際に考案させるに至った要因を評価するためには、人類学者ジョルジーナ・ボーンによるＢＢＣのドラマ部門の研究のようなものが必要だろう（Born 2005）。[8] 反人種差別主義的なフェミニスト・メディア研究とカルチュラル・スタディーズの研究者がすでにそうした仕事に着手しているが、この仕事を教室内でのフェミニズム教育にも広げる余地があり、そこではこの研究領域が、ＢＡＭＥの学生や労働者階級出身の学生に、メディア装置内部の人びとの注目を何らかの方法で集めるために、独自の広範な批評を発展させる道を提供する。同様に、学生集団の中にプロのメディア制作者になる人がいる場合、ステレオタイプによる象徴的かつ実質的な暴力について批判的に議論することで、「事実に基づく生活保護ＴＶ」というジャンルで実行に移されているような類の考え方に異議を申し立てるための語彙を得ることができる。

本章では、批判的社会政策論のフェミニスト研究者と、メディア研究およびカルチュラル・スタディーズの研究者とを節合させることを目的に、ある種の総括的な説明を試みた。メディアによる有害なステレオタイプが広範に普及すること、最近の政府の政策によって生み出された女性の幽閉効果を示そうとする中で私が注目したのは、もっとも脆弱な人口層の人びとが単に苦しめられているだけではなく、自分たちの悲惨な状況を改善し、自己責任の言説を嘲い、いわゆるメリトクラシーの幻想的な性質を示せるようになるための資源が、それらの人びとから徐々に、そして着実に奪われているということだ（Littler 2017）。二〇一六年のケン・ローチ監督による映画『わたしは、ダニエル・ブレイク』は、現代イギリス社会で福祉に保護されないことが何を意味しているのかという点を描き、多くの人から賞賛された。その映画は、生活保護受給者を就職させるのに成功することで成果報酬型の手数料を得ている冷酷そうな見かけのスタッフによって運営された職業訓練センター内部に、新しい懲罰的な体制のようなものが存在することを示した。この映画はまた、受給者への屈辱的な扱いを含む現代の貧困の力学について公開討論するだけの価値をもっていた。映画に登場する二人のミックスレイスの子供がいる白人のシングルマザーが、ポケットに現金を入れる唯一の確実な方法としてセックスワークに頼っていた——年上の男性登場人物がこの格下げされている仕事から彼女を救い出そうとする、感傷的にならざるを得ないシークエンスを促した——ことに関して、フェミニストによるもっと長い議論があってもよかったかもしれないが、そうした議論はなかった。それでも、この映画は対抗言説として、公開時には地元の図書館を含む全国各地のさまざまなコミュニティの会場で上映され、生活保護制度の仕組みに関する議論を活性化させたという理由により、まさに教育的効果を促したのである。けれども、この章を通じて言及されている三重の幽閉効果の解消に着手するためには、広範な貧困緩和プログラムを含む、より根源的な社会変化が必要とされるだろう。つまり、進歩的なケア社会の再発明による貧困の緩和である。これは、補償という枠組みの中で、歴史に根差したイギリス福祉国家の人種差別のダイナミズムに直接的に対抗するものの一つになるだろう。それはまた、単身での育児をスティグマ化しないアプローチを開拓するために、母親の市民権の問題に立ち返ることを意味するかもしれない。経済的再分配の新しい形が、現代の労働社会の変化を反映するために作り出される必要があるだろう。私たち、特に親やその他の家族はフレキシブルな労働時間、在宅勤務、労働時間の短縮によって自由になり、コミュニティ環境の中で子供を育てることにもっと関与できるようになる。研修休暇制度を通じた継続教育だけでなく職業訓練の機会の改善は、目下低賃金で働く労働者の昇進の見こみを通じて、資格の範囲を広げ、賃金を改善するための機会を約束するものである。また、健康、教育、住宅についても、ここまで述べてきたことに従って再考していく必要があるだろう。

このような提案は、貧困の晒し上げという卑劣な実践によって蔓延するポピュラーな道徳に対抗するためのフェミニスト・メディア教育という議題への過度の単純化か、あるいは現行の政治形態におけるネオリベラルな思考による支配と、「公共財の限界」まで頼ることを常に前提視するという過度のユートピア主義に陥ってしまっていると思われるかもしれない。しかし、それにもかかわらず、これら二つの難題こそが、他の選択肢などないと繰り返し唱えているかのような現行のネオリベラリズムの避けがたい影響力を明らかにし、社会格差の広がりがまるで定着してしまったかのように見えていることを明るみに出すのではないか。この小著の各章を通して、私は女性間の社会格差の広がりがもつ文化的意味と、それが「不平等な社会」を根底から支えている「分断の実践」の結果であるという点について詳述してきた。このことは、フェミニズムのキャンペーンを煽り立て、それを支えているコモンズの精神を常に打ち消すよう作用するいっぽうで、階級、エスニシティ、セクシュアリティのような小さな差異による散り散りの世界をミクロな論理の水準でたえず復活させてもいる。私がここで、深刻な物質的困窮の産物でありその結果でもある女性の幽閉効果と、社会構造全体に制度化された人種差別が持続的に蔓延していることを語ってきたのは、社会的分断を越える協調や「共通化《コモニング》」の可能性を減少させる障害が作られつづけていることを強調するためだった。さまざまなフェミニズムの研究者が指摘しているように、こうしたことは二〇年間にわたり、BAMEの学生数が――私たちの場合、研究機関にいる若い女性の数が――増えていないことを意味しているが、黒人女性やアジア系女性が専門職の地位を得ることもこの二〇年間で増えておらず、労働者階級の白人女性においても同様である。また、こうしたことがミドルクラスのネオリベラルな合理性の論理なのであり、公教育の制度を包みこみ形作ってきた。このように、貧困の晒し上げという実践に対抗しようとする研究において、フェミニストのメディア研究やカルチュラル・スタディーズがどのように違いを生み出せるかを指摘するのは些細なことのように思われるかもしれないが[9]、より広範な活動を行っていくためには必然的に、貧困によって晒し上げられた人びと自身がこれらのコミュニケーションの道具や手法を手に入れる手段を見いだすことが必須になるだろう。その研究は、社会格差の広がりを特徴づけている差異の深い溝を狭めること、そして幽閉効果から女性たちを逃れさせるための支援へと橋渡しするプログラムの導入を思い描くことだろう。したがって結論として言えるのは、福祉の再想像と新しいケアの倫理の構想が、過去から離脱し、戦後期の福祉社会へのノスタルジックな憧れを捨て、代わりに新しい根源的な社会民主主義を始動させるということである。そしてそれは、社会的に価値のあるケア労働のための訓練を提供し、メリトクラシーの神話に異議を唱え、女性だけでなくすべての人のための生産的で、再生産的で、補償的な[10]新たな社会投資の時代を支持し、ポピュラーな道徳による差別的な論理に異議を唱えるものとなることだろう。

註

序章

（1） 私はここで、統治に関する合理性の一形態としてネオリベラリズムを理解するためにフーコーとウェンディ・ブラウンを大まかに利用している。ネオリベラリズムの形態は、サッチャー政権の時代にイギリスの政治に浸透し、国有財産の私営化を促すことで、西洋資本主義社会の主要な社会制度に市場のルールを適用させた（Foucault 2006 ; Brown 2015）。この精神はさらに、自分自身を人的資本とみなすだけでなく、自己に対する起業家精神的態度を育むことを奨励されている身体と人口にも関係している。それは個人の行動を鼓舞して資源を最大化し、競争力を強化するために設計されたさまざまなモニタリング装置の助けを借りて自己を監査することを意味している。ネオリベラリズムは、福祉、組合労働者、教育、社会的ケア部門を含む、かつては社会民主主義に関連していた領域を一掃し、それらを丸裸にし、その代わりにさまざまな起業家精神、イノベーション、リーダーシップ・プログラムを提案している。

（2） ここで私は、ポピュラー文化の定義に関して、先行するスチュアート・ホールとレイモンド・ウィリアムズの両者の言葉をかなり大まかにアレンジして、象徴的な実践と捉えている。象徴的な実践は、従属的な社会集団、階級、マイノリティの集団固有の帰属やアイデンティティの要素を保持すると同時に、オーセンティックにも見える情動的で感情的な表現や投資から最大の価値を引き出して活用できるグローバルなエンターテインメントやメディア業界のための肥沃な土地を提供している。ポピュラー文化の形式上の性質は、大衆化され、商品化されている。参加は、オーディエンス、住民、参加者、ユーザー、または消費者のアルゴリズムによる人口統計によって管理、および調整されている。闘争の可能性はほとんど残っておらず、「ポップカルチャー」の研究者は新たな挑戦を突きつけられている。

（3）二〇一九年二月と三月に放送された。

（4）理想的な妻／母に関するよく知られたヴィクトリア朝のイメージは、「家庭の天使」として知られるようになった。そうした妻や母は美しい家庭を作り出しながら、夫に献身的で従順であることが期待されていたので、夫は家庭以外の場所に歓びを求める理由がなかった。

（5）ここでは、ロンドンの不動産市場において住宅と遊び場が次々と私営化されていることを指摘できるかもしれない。注目されたのは、社会福祉に依存した賃借人が巧みな装飾のエントランスホールの下を通らず、照明のない路地裏の入り口を使って建物に入ることを余儀なくされるという、住宅団地での「プア・ドア」現象である。最近では女性グループが、新築の住宅団地の遊び場での規則として、不動産所有者の子たちに割り当てられたより大きくうまく設計された空間から、社会福祉に依存した賃借人の子供たちを締め出すことがあると暴露した。

第1章

（1）本章は二〇一三年の『ニュー・フォーメーションズ（*New Formations*）』誌に寄稿するために書かれたものである。ここに再録したものはほとんど修正をしていないが、当時のイギリスの政権を握っていた連立政権に向けて書かれたものである。変更を加えたのは、註における最近の書誌情報などである。

（2）たとえば *MAMSIE: Studies in the Maternal*, January 2013, 5（1）および *Austerity Parenting: Economies of Parent-Citizenship* (eds Tracy Jensen and Imogen Tyler）を参照。より最近の議論については、本書の第2章以降を参照。

（3）二〇一二年に書かれた本章は、政治的な舞台に、主に若者たちによるモーメンタムおよびコービン運動といった、左翼アクティヴィズムの新しい波がまったく突然に出現する前の瞬間を前提として書かれている。

（4）ＢＢＣラジオの『女性の時間（*Woman's Hour*）』（二〇一三年七月二七日）におけるデイヴィッド・キャメロンの発言。 www.BBC/Radio 4/Woman's Hour/Episode Guide/July 27 2013

(5) これらの機関や組織は、ほとんど毎日のようにおたがいに、そして横断的に連絡を取っている。たとえば『デイリー・メイル』紙の記事がその次の日には下院の国会議員によって取り上げられて参照されるなど。

(6) ただし、アンゲラ・メルケルの側では、フェミニズムとの直接のつながりを認めることへの抵抗があるが。www.thetimes.co.uk/tto/news/world/europe/article3756129.ece を参照〔訳者註：原書刊行後の二〇二一年九月、チママンダ・ンゴズィ・アディーチェとの対談でメルケルは自らをフェミニストであると初めて明言した〕。

(7) www.bitchmagazine.org/post/re-imagining-revolutionary-road を参照。

(8) *The Daily Telegraph*, 26 January 2009 のチャールズ・ムアによるこの映画の評を参照。https://www.telegraph.co.uk/comment/columnists/charlesmoore/4348788/Revolutionary-Road-Its- ust-snobbery-to-say-the-suburbs-lack-passion.html

(9) 『フォー・ウェディング』(マイク・ニューウェル監督、一九九四年)にはじまり、『ブリジット・ジョーンズの日記』(シャロン・マクガイア監督、二〇〇一年)そして『ブライズメイズ 史上最悪のウェディングプラン』(ポール・フェイグ監督、二〇一一年)にいたるまで。

(10) 『デイリー・メイル』オンライン版を参照。https://www.dailymail.co.uk/femail/.../My-week-man-desert-In-parts-Britain-70-c. このような記事をアジア系イギリス人に執筆依頼することで、この新聞は人種差別主義との非難を避けようとしているということは、指摘する価値があるだろう。

(11) バーターセット男爵夫人ルース・リスターはラフバラ大学社会科学部の社会政策学名誉教授で、*Poverty*, Polity, 2004 の著者である。

(12) (当時閣僚であった)パトリシア・ヒューイットは二〇〇二年に下院でフェミニズムに関する小さな会議を開催した。このような主旨の彼女のオフレコのコメントが、ビー・キャンベルと私自身も含めた約一〇名の聞き手に向けてなされた。

(13) 前掲〔本章註(2)〕の Imogen Tyler, Kim Allen, Yvette Taylor による、*Studies in the Maternal* (2013) での記事を参照。

(14) Segal (ed.) 1983 も参照。

（15）Bauman 2001を参照。
（16）James 2015, 'Putting Under 3s in Full-time Daycare Can Promote Aggressive Behavior,' *Guardian*. https://www.theguardian.com/lifeandstyle/2005/jan/09/healthandwellbeing
（17）註（13）を参照。また、Annesley et al.（eds）2007も参照。
（18）植民地支配をめぐる混乱と、二〇世紀初期におけるイギリス福祉国家の成立に伴うイギリス帝国の終焉についての、最近のもっとも洞察に富んだ解説については、Shilliam 2018を参照。
（19）マミー・ブログは、現代の母親業の日々の歓びや活動を称賛するジャンルから、ブロガーがファッション・ブロガーとも比肩可能なインフルエンサーとなるような、より営利化された様式へと移行している。
（20）『ジャスト・セブンティーン』『ナインティーン』『エル』そして『グッド・ハウスキーピング』といった雑誌のタイトルそのものが、女性の人生に押しつけられた年代配列について多くを語っている。その時間性は強制的異性愛を反復しているということで批判されてきているのだが（Halberstam 2005）。
（21）www.youtube/TEDを参照。

第2章

（1）この言葉で私が意味しているのは、規範に指示された女性身体が一連の文化的コードや習慣や造形に従って組織されることであり、それが時間をかけて、規範に指示された男性身体とは違うものと広く理解されるようなジェンダー構造を組成していくことである。
（2）「私は実在の人間」というタイトルで二〇一九年一月五日に『ファイナンシャル・タイムズ』紙に掲載された、ジョー・エリソンによるグウィネス・パルトロウへのインタビュー、また二〇一八年一〇月一九日掲載の『UKビジネス・インサイダー』によるメラニア・エドワーズの一日密着取材も参照。
（3）『ロンドン・イヴニング・スタンダード』紙（二〇一八年一二月）での、誉れあるガールズ・パブリック・デイ・

スクール・トラスト〔イングランドとウェールズにおける女子向けの独立学校の団体。現ガールズ・デイ・スクール・トラスト〕の一連の広告に登場した若い女性たちは、彼女たちがまっすぐにカメラを見つめる力強く自信にあふれたその様子から、かなり「フェミニズム的」であると言うことができる。

（4） James 2015 ; Scharff 2012 を参照。

（5） グウィネス・パルトロウは、『ファイナンシャル・タイムズ』紙でのインタビュー（註（2）を参照）で、彼女は自分自身と競ったのだと述べている。

（6） ミシェル・オバマの自伝（二〇一八年）を参照。

（7） ミシェル・オバマは、シカゴのサウスサイドの彼女の家族が住む並のアパートメントでの、自分の両親のやさしさや心づかいについて記述している。母親を主婦として描く彼女の筆致を読むと、主流の女性誌やポピュラー文化における模範的な母性的黒人女性の可視性が明確に理解できる。

（8） これはまた、活力に満ち、女性的で異性愛的な白人ミドルクラス性でもある。

（9） 完璧な生活と人間関係は、二〇一八年一二月から二〇一九年二月に放映されたヴォクソールのグランドランドXのテレビCMが示すように、レズビアンのカップルにまで及んでいる。このニューモデルの車は不安そうな女性を、病院で出産をしようとしている彼女のパートナーのところまで運ぶのである〔訳者註：この記述は正確ではない。実際のCMでは、家で産気づいたパートナーをヴォクソールの自動車で病院まで送る様子が描かれている〕。

（10） たとえば「誰々の一日」コーナーは、いまや女性の学者をとりあげるだろう。ある例では、科学研究者がラボのベンチに座っている様子の写真が見られる（『スタイリスト』二〇一九年一月号）。

（11） 確実に、こういったメディアのジャンルはすべて、編集方針を定める資料のために徹底的な市場調査を、費用をかけて行っているだろう。だがそのことは、学問的フェミニズム研究においては比較的に未踏査である。

（12） ここで無関係でないのは、『フェミニストはピンクを着ない』と題された本の出版を記念して企画された、ロンドンのオクスフォード通りの「トップショップ」で二〇一八年一〇月六日に行われたポップアップイベントの妨害である。

興味深いことに、この本はスカーレット・カーティス、すなわち、多数のイギリスのロマンティック・コメディ映画の脚本家、プロデューサー、そして監督であるリチャード・カーティスの娘が書いたものであった。〔訳者註：本の正確なタイトルは『フェミニストはピンクを着ない、とその他の嘘（*Feminists Don't Wear Pink and Other Lies*）』。「トップショップ」は洋服のチェーン店で、このチェーンの会長であるサー・フィリップ・グリーンが同書のイベントスペースを見た後に突然そのコラボレーションを中止したという事件。トップショップは後に謝罪した。ポピュラー・フェミニズムが抵抗に遭う限界点を示した事例としてマクロビーは挙げている。日付は正確には一〇月五日である。以下の『ガーディアン』紙の記事を参照。https://www.theguardian.com/fashion/2018/oct/05/topshop-axes-penguin-pop-up-to-promote-feminist-book-in-store〕。

（13）この章を書いた後に、二〇一八年一〇月に起きた、一四歳のモリー・ラッセルの自殺について、インスタグラムがおそらく原因だったかもしれないということにメディアが大いに注目した。この事件の後、自己加害的なウェブ・コンテンツの利用可能性を禁止する新しい法律を求める声が上がった。

（14）たとえばSarah March, 'Quarter of 14-year-old girls have self-harmed says report', *Guardian*, 29 August 2018を参照。

（15）この領野を調査している若いフェミニズム学者が最近激増していることをここで考えてもいいかもしれない。Ringrose 2007も参照。

（16）Curtis 2018. 註（12）も参照。

（17）ここではポジティヴ心理学の役割に注目することもできるだろう。Allen and Bull 2018を参照。

（18）そしてこれは、本書における福祉主義についての議論を考えると、私自身にもあてはまるだろう。

（19）一つの事例としては、上流階級のテレビキャスターのカースティ・オールソップが、視聴者に「ものを捨てずに修理して使いましょう」と説きつけることで示された、あからさまな階級の特権と女性性がある。

（20）これは、良い子になりたい若い女性も惹きつける。彼女たちが宿題をすべきときにクラブに行くのは、親に反抗するためではないし、サボりをしたり、学校で問題を起こすためでもない。

(21) ポップカルチャーにおける抵抗の事例は、一九七〇年代のパンク・フェミニズムから今日のフォーネス(Fauness)にいたるまで、音楽に見いだされることの方が多い。ビヨンセとレディー・ガガが〈p-i-r〉のレパートリーを単に繰り返していることについてのロビン・ジェイムズの議論も参照(James 2015)。
(22) これは女性のリーダーシップの政治における、階級と人種の不平等の一側面である(McRobbie 1978/1990)。

第3章
(1) いくつかの職業訓練センターでは、求職者の自信とレジリエンスを高めるために、マインドフルネスの技術を用いたカウンセリングを導入している。Allegra Stratton, 'Jobless to be offered "talking treatment" to help put Britain back to work' (二〇〇九年一二月四日) を参照のこと。https:// www.theguardian.com/society/2009
(2) 一つの例として、不利な立場に置かれた女性求職者にスマートな服を貸し出し、ビジネスっぽい見た目で好印象を与えられるよう手伝っている「スマートワークス」という組織があり、先日サセックス公爵夫人によって訪問された(二〇一九年一月一〇日)。こうしたことは新しい取り組みではなく、ニューレイバーと「成功のためのドレス」プロジェクトの年にさかのぼることができる。非営利の倫理は、普遍的福祉が新しい慈善活動としての社会的事業へと置き換えられていくことを示唆している。
(3) キャサリン・ロッテンバーグ(Rottenberg 2014, 2018)を参照。
(4) Mary-Ann Stephenson, *A Female Face*, The Fabian Society Report 14 February 2019 を参照。
(5) 長年にわたり、そして第一に、合衆国の昼間のリアリティTVから輸入されたものとして、一〇代の母親を悪魔化することが広まってきた。そのフォーマットはしばしば合衆国の昼間のテレビ番組『ジェリー・スプリンガー・ショー』に似ている。しかし、合衆国よりも宗教色のうすい社会として、また家族計画やひいては避妊に対して責任を負っている普遍的な公衆衛生の制度のおかげで、イギリスは一〇代の妊娠率を減少させるという課題をよりよく達成できた。実際に、その成功は顕著なものだった。これはまた、右翼の視点からのセンセーショナルな報道の影響を免れられない領域である。たとえば、ソフィー・バーランドとロージー・テイラーによる 'Contraceptive Implants Are Being Given to Girls As Young As 12 on the NHS', Mail Online, 13 April 2018 を参照のこと。

（6）上記の註（5）を参照。私は註（5）で比較的簡単に利用できる「事後」ピルや、学校に通う年齢の若い女性のための避妊や、場合によっては学校の看護師に直接相談することにも言及している。

（7）イギリスでの一〇代の妊娠の減少に関する報告については、ポリー・トインビーを参照のこと。'The drop in teenage pregnancies is the success story of our time', *Guardian*, 13 December 2013, https://www.theguardian.com/commentisfree/2013/dec/13/drop-teenage-pregnancies-success-story-children

（8）失業中の女性たちと、低技能・低賃金の仕事に就くと思われる女性たちとの関連性は、エリザベス・ウィルソン（Wilson 1975）によって強調されている。

（9）このような家族主義を支持するが反フェミニスト的なスタンスのもっとも顕著な特徴は、合衆国においては義務として取れる三週間の休暇を超えた産休の権利がないことだ。

（10）グレタ・ガーウィグ監督による二〇一七年の長篇映画『レディ・バード』では、何度目かの解雇に直面した父親が、娘をニューヨークの「優良校」に行かせるためのローンを組むのに一家の暮らす住居を抵当に入れ、上手いことやって成功しなければならないという娘へのプレッシャーを強めている。

（11）けれども二〇一九年まで中絶が違法なままだった北アイルランドではそうではない。

（12）〔イギリスとは異なり、アメリカでは〕このような強力な〔保守的〕集団が存在しており、それゆえイヴァンカ・トランプは最近の著書に『働く女性たち』というタイトルをつけ、あたかもそういう女性をこれから作り出さねばならないかのように提起したのである（Trump 2017）。

（13）二〇一二年一〇月八日の保守党大会でのジョージ・オズボーンの演説。Stuart Hall and Alan O'Shea 2013 に引用されている。

（14）こうしたことによって、たとえば、このタイプのシングルマザーと比較してよりうんざりするようなタイプのシングルマザーというように微細な差別化が可能になる。
(15) ルース・リスターは、シングルマザーが仕事に応募しなければならない時点までに末の子供が達しているべき年齢について、さまざまな政権と着実に議論してきたもっとも著名なフェミニスト研究者であり政治運動家でもある。Lister (2006) を参照のこと。
(16) スチュアート・ホールによる George Osborne (2012/2013) からの引用。
(17) ポール・ギルロイが、『資本』というタイトルのアイザック・ジュリアンによる最近の作品のために撮影されたライブ・アートのセッションで指摘したように、ハーヴェイにとっては昔と変わらない「階級闘争」があるだけで、あたかもこの数十年間、社会構造には重大な変化などなかったかのようである。
(18) 冒頭で述べたように、確かに女性たちは自分たちの仕事の機会に向かい合うことが増えたことを感謝するようイデオロギー的に奨励されている。しかし、こうしたことは、彼女たちをシュトレークが言うような柔軟な労働者にしているわけではない。
(19) ウルリッヒ・ベックとエリーザベト・ベック゠ゲルンスハイムが指摘しているように、(恐らくシュトレークが拍手喝采するようなドイツにおけるある種のシナリオに適合してきた) 年配の女性は、「離婚によって破滅に直面する」(Beck and Beck-Gernsheim 2002)。
(20) 私自身の定義によると、NPMとは一九八〇年代後半以降、行政の多くのレベルで行われた公共部門の機関をマーケットの力という考えに従わせるための全面的な改革のことである。これにより、競争のためのビジネス戦略だけでなく、特に大規模な私営化プロセスが導入された。これらの改革により、「サービス提供者」のあいだで起業家精神の倫理が奨励され、独立したビジネスとして、あるいは非営利団体として設立されることさえあり、以前には国家制度や組織の職員によって行われていた活動を引き受けるための契約に入札することが期待されるようになった。
(21) たとえば、ヨーロッパのドイツ語圏の国々におけるジェンダー・スタディーズの研究を利用したサビーネ・ハークの最近の説明を参照のこと。ここでハークが示しているのは、フェミニズムとジェンダー・スタディーズが学術的な地位を得ることで、グローバルな競争経済のためのスキルや能力の提供者となりゆく大学の変容に、それらがどのように取り入れられていくのかという点だ。ハークは、ジェンダー・スタディーズが「能力トレーニング」に傾いていることと、そして必然的にジェンダー・スタディーズの卒業生が「マーケット性」に傾いていることに言及している。これは、フェミニズムもまた「上から」の変革の力、もしくは「我々を統治している活動の一部」となることを示している(Hark 2016)。

(22) G4Sのような外部委託の就職斡旋会社に提供されたトレーニングのレベルの低さは、『ベネフィット・バスターズ(*Benefit Busters*)』(チャンネル4、二〇一四年)と題されたリアリティTVシリーズで明らかになった。そこでは、アドバイザーが求職者の一群に一日に何度も電話をかけ、どちらかといえばSMプレイの女王様のようなスタイルで誘惑したり、おだてたり、脅したりと、非公式的にも見える戦略を展開していることが示されていた。

(23) 恥辱についての学術的な研究は相当数ある。もっとも重要なのは、『恥辱とその姉妹たち(*Shame and Its Sisters*)』(Sedgwick and Adams 1995)と『赤面——恥辱の表情(*Blush: Faces of Shame*)』(Probyn 2005)である。

(24) 臨時契約の場合、そしてゼロ時間契約の場合でさえ、夕方のクラスや、実際に昼間の生涯学習の機会に登録する時間を見つけることは不可能ではないにしても困難である。

(25) これらの説明の中で前面に押し出されているのは主に女性である。さらなる研究として、女性が自分を卑下するような描写のある番組や新聞の特集への参加に同意する条項や条件を調査する必要があるだろう。

第4章

(1) スチュアート・ホール(Hall 1988)は、モーリス・ノースによる『福祉国家の呪縛から脱却する(*Break the Spell of the Welfare State*)』(North 1981)という短い本を参考にしている。

(2) リアリティTV番組参加者の自殺や、テレビ制作会社による搾取の告発を受けた世間の怒りの結果として、これらフェミニストの著述家である、たとえばジェンセンやアレンらが、リアリティTVに関する公開調査の報告書を作成するために招かれた（Allen et al. 2019）。

（3） これは、二〇〇九年に放映されたチャンネル4のリアリティTVシリーズ『ベネフィット・バスターズ』で紹介されたもので、外部委託された業者と民間企業A4Eに雇われた生活保護アドバイザーの活動を追跡し、受給者の仕事を確保すると同時に、履歴書を手伝ったり、その他のさまざまに取り揃えた「ヒント」を与えたりという形でかなり初歩的な訓練も提供していた。

（4） バーバによって議論されているように、ホワイト・ディーがステレオタイプ化されたライフサイクルに従ったところで必ず、もしくは常に願望を満たせないことは注目すべき点であり、シリーズの放送後しばらくしてふたたび財政難に陥り病気になったときにそれ以降のメディア報道がたっぷりと示したように、彼女はステレオタイプに頼ることになるだろう。

（5） 『ニューヨーク・タイムズ（*New York Times*）』紙（二〇一七年八月一七日）で報告された。

（6） 『カウンシルハウス・クラックダウン（*Council House Crackdown*）』（BBC 1 TV）は、二〇一八年九月までに第四シリーズが放映された。

（7） ゲイル・ルイスは、一九五〇年代以降に多くの若い女性がイギリスで働くためカリブ海から来たものの、子供たちを祖母の世話に託して残してきたので、この意味で彼女たちは独身《シングル》＝単身女性として到着したことを読者に思い出させてくれる。こうした若い女性たちは通常お金を実家に送り、子供たちをイギリスに連れてきて一緒に暮らせるようになるときのために貯金をしていた（Lewis 2017）。

（8） 視聴率の必要性や国民的な「会話の論点」になることへの言及が、このような決定に影響を与えているのではないかと推測してもよいかもしれない。これらの番組の大部分とまではいかないにしてもその多くが、たがいに激しく競合し、さらなる権限を得ようとしている独立した制作会社によって制作されている。

（9） 上記の註（2）を参照。

（10） 補償について私の念頭にあるのは、数十年以上にわたって低賃金で働き、ゼロ時間〔労働契約〕のサービス労働に従事し、年金受給年齢に達してもほとんど休むことのできない女性たちのための新しい支援の形である。私はいまでは五〇代後半から六〇代前半になったこのような女性たちと日常的に交流しているが、彼女たちの改善に向けた希望は娘の大学合格や進学の可能性の獲得に集約されている。

参考文献

Adkins, L. (1999) 'Community and Economy : A Re-Traditionalization of Gender', *Theory Culture and Society*, 16: 119–39.

Adkins, L. (2016) 'Contingent Labour and the Rewriting of the Sexual Contract', in L. Adkins and M. Dever (eds), *The Post Fordist Sexual Contract: Working and Living in Contingency*, pp. 1-28. Palgrave Macmillan, Basingstoke.

Ahmed, S. (2010) *The Promise of Happiness*, Duke University Press, Durham NC.

Ahmed, S. (2012) *On Being Included: Racism and Diversity in Institutional Life*, Duke University Press, Durham NC.

Aitkenhead, D. (2014) 'Deirdre Kelly AKA White Dee: "I Would Never Watch a TV Show Called Benefits Street"', *Guardian*, 7 March.

Allen, K. and Bull, A. (2018) 'Following Policy: A Network Ethnography of UK Character Education', *Sociological Research Online*, 23 (2).

Allen, K., Tyler, I. and de Benedictis, S. (2014) 'Thinking with"White Dee", The Gender Politics of "Austerity"', *Sociological Research Online*, 19 (3/2).

Allen, K. et al. (2019) Reality TV Public Inquiry Evidence, available Lancaster University, http//www.realitytvevidence.wordpress.

Allen, R. (2016) 'Is Egg Freezing for White Women Only?', *New York Times*, 21 May.

Annesley, C. et al. (eds) (2007) *Women and New Labour: Engendering Policy and Politics*, Policy Press, London.

Banet-Weiser, S. (2018) *Empowered: Popular Feminism and Popular Misogyny*, Duke University Press, Durham NC.

Barrett, M. and McIntosh, M. (1982) *The Anti-Social Family*, NLB, London.

Bauman, Z. (2001) *The Individualized Society*, Polity, Cambridge.（澤井敦・菅野博史・鈴木智之訳『個人化社会』、青弓社、

二〇〇八年）
Beck, U. (1986) *Risk Society*, Sage, London.（東廉・伊藤美登里訳『危険社会――新しい近代への道』、法政大学出版局、一九九八年）
Beck, U. (2013) 'Metamorphosis', Lecture delivered at London School of Economics, January.
Beck, U. and Beck-Gernsheim, E. (2002) *Individualization: Institutionalized Individualism and its Political Consequences*, Sage, London.（中村好孝他訳『個人化の社会学』、ミネルヴァ書房、二〇二二年）
Berlant, L. (2008) *The Female Complaint*, Duke University Press, Durham NC.
Berlant, L. (2011) *Cruel Optimism*, Duke University Press, Durham NC.
Bhabha, H. (1986) *The Location of Culture*, Routledge, New York.（本橋哲也・正木恒夫・外岡尚美・阪元留美訳『〔新装版〕文化の場所――ポストコロニアリズムの位相』、法政大学出版局、二〇一二年）
Boltanski, L. and Chiapello, E. (2005) *The New Spirit of Capitalism*, Verso, London.（三浦直希・海老塚明・川野英二・白鳥義彦・須田文明・立見淳哉訳『資本主義の新たな精神』上・下、ナカニシヤ出版、二〇一三年）
Born, G. (2005) *Uncertain Visions: Birt, Dyke and the Reinvention of the BBC*, Random House, London.
Bourdieu, P. (1976/84) *Distinction: A Social Critique of the Judgement of Taste*, Routledge, London.（石井洋二郎訳『〔普及版〕ディスタンクシオン――社会的判断力批判』1・2、藤原書店、二〇二〇年）
Bowlby, R. (1985) *Just Looking: Consumer Culture in Dreiser, Gissing and Zola*, Methuen, London.（高山宏訳『ちょっと見るだけ――世紀末消費文化と文学テクスト』、ありな書房、一九八九年）
Bracke, S. (2016) 'Bouncing Back. Vulnerability and Resistance in Times of Resilience', in J. Butler, Z. Gambetti and L. Sabsay (eds), *Vulnerability in Resistance*, Duke University Press, Durham NC.
Brown, B. (2010) *The Gifts of Imperfection: Let Go of Who You Think You're Supposed to Be and Embrace Who You Are*, Hazelden Press, Minneapolis.（本田健訳『「ネガティブな感情（こころ）」の魔法』、三笠書房、二〇一三年）

Brown, W. (2005) *Edgework: Critical Essays on Knowledge and Power*, Princeton University Press, NJ.

Brown, W. (2015) *Undoing the Demos: Neoliberalism's Stealth Revolution*, MIT Press, MA.（中井亜佐子訳『いかにして民主主義は失われていくのか――新自由主義の見えざる攻撃』、みすず書房、二〇一七年）

Budgeon, S. (2003) *Choosing a Self: Young Women and the Individualisation of Identity*, Praegar, London.

Bull, A. and Allen, K. (2018) 'Introduction to Sociological Interrogations of the Turn to Character', *Sociological Research Online*, 23(2).

Butler, J. (1997) *The Psychic Life of Power: Theories in Subjection*, Stanford University Press, Palo Alto CA.（佐藤嘉幸・清水知子訳『〔新版〕権力の心的な生――主体化＝服従化に関する諸理論』、月曜社、二〇一九年）

Butler, J. (2005) *Giving an Account of the Self*, Fordham University Press, NY.（佐藤嘉幸・清水知子訳『自分自身を説明すること――倫理的暴力の批判』、月曜社、二〇〇八年）

Carby, H. (1987) *Reconstructing Womanhood*, Oxford University Press, Oxford.

Cooper, M. (2017) *Family Values: Between Neoliberalism and the New Social Conservatism*, MIT Press, Cambridge MA.

Curtis, S. (2018) *Feminists Don't Wear Pink and Other Lies*, Penguin, London.

Davidoff, L. and Hall, C. (2002) *Family Fortunes: Men and Women of the English Middle Class 1780–1850*, Routledge, London.（山口みどり・梅垣千尋・長谷川貴彦訳『家族の命運――イングランド中産階級の男と女 1780～1850』、名古屋大学出版会、二〇一九年）

Davin, A. (1978) 'Imperialism and Motherhood', *History Workshop Journal*, 5 (1): 9-66.

de Benedictis, S. et al. (2017) 'Portraying Poverty: The Economics and Ethics of Factual Welfare Television', *Cultural Sociology*, 11 (3): 337-58.

Deleuze, G. (1996) *Foucault*, University of Minnesota Press, Minneapolis.（宇野邦一訳『フーコー』、河出文庫、二〇〇七年）

Donzelot, J. (1979) *The Policing of Families*, Knopf Doubleday, New York.（宇波彰訳『家族に介入する社会――近代家族と国家の管理装置』、新曜社、一九九一年）

Eng, D. and Han, S. (2000) 'A Dialogue on Racial Melancholia', *Psychoanalytic Dialogues*, 10 (4): 667-700.

Farris, S. (2017) *In the Name of Women's Rights: The Rise of Femonationalism*, Duke University Press, Durham NC.
Felski, R. (1995) *The Gender of Modernity*, Harvard University Press, Oxford.
Finn, D. (2018) 'Why are Britain's Job Centres Disappearing?' in *the Conversation*, May 10.
Foucault, M. (1987) *History of Sexuality*, vol. I, Penguin, London.（渡辺守章訳『性の歴史Ⅰ　知への意志』、新潮社、一九八六年）
Foucault, M. (2006) *The Birth of Biopolitics: Lectures at the Collège de France*, Palgrave Macmillan, Basingstoke.（慎改康之訳『生政治の誕生――コレージュ・ド・フランス講義 1978-1979 年度（ミシェル・フーコー講義集成８）』、筑摩書房、二〇〇八年）
Fraser, N. (2013) *Fortunes of Feminism: From State-Managed Capitalism to Neoliberal Crisis*, Verso, London.
Gill, R. and Orgard, S. (2018) 'The Confidence Cult(ure)' in *Australian Feminist Studies*, 30 (86): 324–44.
Gilroy, P. (1987) *There Ain't No Black in the Union Jack*, Routledge, London.（田中東子・山本敦久・井上弘貴訳『ユニオンジャックに黒はない――人種と国民をめぐる文化政治』、月曜社、二〇一七年）
Goldthorpe, D. and Lockwood, J. (1968) *The Affluent Worker*, Cambridge University Press, Cambridge.
Gruening, G. (2001) 'The Origins and Theoretical Basis of New Public Management', *International Public Management Journal* : 1-25.
Halberstam, J. (2005) *In A Queer Time and Place: Transgender Bodies, Subcultural Lives*, Duke University Press, Durham NC.
Hall, S. (1988) 'Thatcher's Lessons', *Marxism Today*, March, 20–7.
Hall, S. (2003) 'New Labour's Double Shuffle' in *Soundings*, 24: 10-24, Lawrence and Wishart, London.
Hall, S. (2011) 'The Neo-Liberal Revolution', *Cultural Studies* 25 (6): 705-28.
Hall, S. and O'Shea, A. (2013) 'Common-Sense Neoliberalism', *Soundings*, 55: 9-25, Lawrence and Wishart, London.
Hall, S. et al. (1978) *Policing the Crisis: Mugging, the State and Law and Order*, Palgrave Macmillan, Basingstoke.
Hark, S. (2016) 'Contending Directions: Gender Studies in the Entrepreneurial University', *Women's Studies International Forum*, 54.
Harvey, D. (2005) *A Brief History of Neoliberalism*, Oxford University Press, Oxford.（渡辺治監訳、森田成也・木下ちがや・大屋定晴・中村好孝訳『新自由主義――その歴史的展開と現在』、作品社、二〇〇七年）

Higginbotham, Brooks E. (1994) *Righteous Discontent: The Women's Movement in the Black Baptist Church, 1880–1970*, Harvard University Press, MA.

Hoggart, R. (1957) *The Uses of Literacy*, Penguin, Harmondsworth.（香内三郎訳『読み書き能力の効用』、晶文社、一九七四年）

James, R. (2015) *Resilience & Melancholy: Pop Music, Feminism, Neoliberalism*, Zero Books, Hants.

Jensen, T. (2018) *Parenting the Crisis: The Cultural Politics of Parent-Blame*, Policy Press, Bristol.

Jensen, T. and Tyler, I. (2013) '"Austerity Parenting": New Economies of Parent Citizenship', *Mamsie: Studies in the Maternal*, 4(2).

Jensen, T. and Tyler, I. (2015) '"Benefit Broods": The Cultural and Political Crafting of Anti-Welfare Common-sense', *Critical Social Policy*, 35(4): 470-91.

Kanai, A. (2017) 'Beyond Repudiation: The Affective Instrumentalisation of Femininity in Girlfriendly Space', *Australia Feminist Studies*, 32 (93): 240–58.

Kanai, A. (2018) 'Between the Perfect and the Problematic: Everyday Femininities, Popular Feminism, and the Negotiation of Intersectionality', *Cultural Studies*, DOI: 10. 1080/09502386.2018.1559869.

Kantola, J. and Squires, J. (2012) 'From State Feminism to Market Feminism', *International Political Science Review*, 33 (4): 382-400.

Lewis, G. (2017) 'Questions of Presence', *Feminist Review*, 117.

Lister, R. (2006) 'Children (But Not Women) First: New Labour, Child Welfare and Gender', *Critical Social Policy*, 26 (2): 315-55.

Littler, L. (2013) 'The Rise of the "Yummy Mummy": Popular Conservatism and the Neoliberal Maternal in Contemporary British Culture', *Communication, Culture and Critique*, 6:227-43.

Littler, J. (2017) *Against Meritocracy*, Routledge, London.

Lorey, I. (2015) *State of Insecurity*, Verso, London.

McRobbie, A. (2005) *The Uses of Cultural Studies*, Sage, London.

McRobbie, A. (2008) *The Aftermath of Feminism: Gender, Culture and Social Change*, Sage, London.

McRobbie, A. (2013) 'Feminism, the Family and the New "Mediated" Maternalism', *New Formations*, 8: 119–37.

McRobbie, A. (2015) *Be Creative: Making a Living in the New Culture Industries*, Polity, Cambridge.

Morris, L. (2016) 'The Moral Economy of Austerity; Analysing UK Welfare Reform', *British Journal of Sociology*, 67 (1): 97–116.

Mukherjee, R. and Banet-Weiser, S. (2012) *Commodity Activism in Neoliberal Times*, New York University Press, New York.

Newman, J. (2015) 'Governing the Present: Activism, Neoliberalism, and the Problem of Power and Consent', *Critical Policy Studies*, 20.

Newman, J. (2016) 'Space of Power: Feminism, Neoliberalism and Gendered Labour', *Social Politics*, 20 (2): 200-22.

Newman, J. (2017) 'The Politics of Expertise: Neoliberal Governance and the Practices of Politics', in V. Higgins and W. Larner (eds), *Assembling Neoliberalism: Experts, Practices, Subjects*, Palgrave Macmillan, New York.

North, M. (1981) 'Breaking the Spell of the Welfare State', The Social Affairs Unit, London.

Obama, M. (2018) *Becoming*, Vintage, New York.（長尾莉紗・柴田さとみ訳『マイ・ストーリー』、集英社、二〇一九年）

O'Hagan, A. (2018) 'The Tower', *London Review of Books*, 7 June.

Ouellette, L. and Hay, J. (2008) *Better Living Through Reality TV: Television and Post Welfare Citizenship*, Blackwell, Maldon MA.

Phillips, A. (2015) 'On Self Beratement', *London Review of Books*, 19 March, 13015.

Phoenix, A. (1991) *Young Mothers?*, Routledge, London.

Probyn, E. (2005) *Blush: Faces of Shame*, University of Minnesota Press, Minneapolis.

Puar, J. (2012) *Terrorist Assemblages*, Duke University Press, Durham NC.

Riley, D. (1986) *The War in the Nursery*, Virago, London.

Riley, D. (1992) 'Citizenship and the Welfare State' in J. Allen, et al. (eds), *Political and Economic Forms of Modernity*. Polity, Cambridge, pp. 179-229.

Ringrose, J. (2007) 'Successful Girls? Complicating Post-Feminist Neoliberal Discourses of Educational Achievement and Gender Equality', *Journal of Gender and Education*, 19:471-89.

Riviere, J. (1926/86) 'Femininity as Masquerade' in V. Burgin, J. Donald and C. Kaplan (eds), *Formations of Fantasy*, Routledge, London.
Rose, J. (1986) *Sexuality in the field of Vision*, Verso, London.
Rose, N. (1999) *The Powers of Freedom: Reframing Political Thought*, Cambridge University Press, Cambridge.
Rose, N. and Lentzos, P. (2016) 'Making Us Resilient, Responsible Citizens for Uncertain Times' in S. Trnka, S. and C. Trundle (eds), *Competing Responsibilities*, Duke University Press, Durham NC.
Rottenberg, C. (2008) *Performing Americanness: Race, Class, and Gender in Modern African-American and Jewish-American Literature*, University Press of New England, NH.
Rottenberg, C. (2014) 'The Rise of Neoliberal Feminism', *Cultural Studies*, 28 (3): 418-37.
Rottenberg, C. (2018) *The Rise of Neoliberal Feminism*, Oxford University Press, Oxford.
Rowntree, Joseph. Foundation (2016) *Monitoring Poverty and Social Exclusion*, Joseph Rowntree Foundation.
Sandberg, S. (2012) *Lean In: Women, Work and the Will to Lead*, Knopf, New York.（村井章子訳『LEAN IN（リーン・イン）――女性、仕事、リーダーへの意欲』、日本経済新聞出版社、二〇一八年）
Scharff, C. (2012) *Repudiating Feminism: Young Women in a Neoliberal World*, Routledge, London.
Sedgwick, P. and Adams, J. (1995) *Shame and Its Sisters*, Duke University Press, Durham NC.
Segal, L. (ed.) (1983) *What Is To Be Done About the Family?*, Penguin Books, Harmondsworth.
Shilliam, R. (2018) *Race and the Undeserving Poor*, Agenda Publishing, Newcastle UK.
Skeggs, B. (1997) *Formations of Class and Gender: Becoming Respectable*, Sage, London.
Skeggs, B. (2005) 'The Making of Class and Gender Through Visualising Moral Subject Formation' in *Sociology*, 39: 965–82.
Skeggs, B. (2012) 'Imagining Personhood Differently: Person Value and Autonomist Working-Class Values', *The Sociological Review*, 59 (3): 496-513.
Skeggs, B. and Wood, H. (2012) *Reality Television and Class*, BFI Books, London.

Steedman, C. (1986) *Landscape for a Good Woman*, Virago, London.

Streeck, W. (2016) *How Will Capitalism End? Essays on a Failing System*, Verso, London.（村澤真保呂・信友建志訳『資本主義はどう終わるのか』河出書房新社、二〇一七年）

Trump, I. (2017) *Women Who Work: Rewriting the Rules for Success*, Penguin, New York.

Tyler, I. (2008) 'Chav Mum, Chav Scum: Class Disgust in Contemporary Britain', *Feminist Media Studies*, 8 (2): 1–34.

Tyler, I. (2011) 'Pregnant Beauty: Maternal Femininity under Neoliberalism' in R. Gill and C. Scharff (eds), *New Femininities*, Palgrave Macmillan, Basingstoke.

Tyler, I. (2013) *Revolting Subjects: Social Abjection and Resistance in Neoliberal Britain*, Zed Books, London.

Virdee, S. (2019) 'Racialised Capitalism: An Account of Its Contested Origins and Consolidation', *Sociological Review*, January, 67 (1): 3-27.

Wacquant, L. (2005) *Punishing the Poor: The Neoliberal Government of Social Insecurity*, Duke University Press, Durham NC.

Walkowitz, J. (1985) *City of Dreadful Delight*, Oxford University Press, Oxford.

Weldon, F. (1971) *Down Among the Women*, Virago, London.

Williams, R. (1960) 'The Magic System', *New Left Review*, 1/4, July-August.

Williamson, M. and Littler, J. (2018) 'Rich TV Poor TV: Work, Leisure and the Construction of Deserved Inequality in Contemporary Britain' in J. Deery and A. Press (eds), *Media and Class,* Routledge, New York.

Wilson, E. (1975) *Women and the Welfare State*, Virago, London.

Wilson, K. (2015) 'Towards a Radical Reappropriation: Gender Development and Neoliberal Feminism', *Development and Change*, 46 (4).

Wood, H. and Skeggs, B. (eds) (2011) *Reality TV and Class*. BFI, London.

Young, L. (2000) 'How Do We Look? Unfixing the Singular Black (Female) Subject', in P. Gilroy, L. Grossberg and A. McRobbie (eds), *Without Guarantees: In Honour of Stuart Hall*, Verso, London.

Zamora, D. (2014) 'Can we Criticize Foucault?' *The Jacobin Magazine*, https//:wwwjacobinmag.com/author/daniel-zamora.

訳者あとがき

本書は、Angela McRobbie, *Feminism and the Politics of Resilience: Essays on Gender, Media and the End of Welfare*, Polity Press, 2020 の全訳である。

本書でアンジェラ・マクロビーは、ネオリベラリズムのイデオロギーが情け容赦なく降り注ぐ現代社会において、反福祉国家と自己責任化に関するポピュラーな道徳がメディアとポピュラー文化を通してどのように広がっているのか、またそうした道徳が形成される際に規範に従う／規範から外れた女性性がどのような役割を担わされているのか分析している。

著者のアンジェラ・マクロビーは現在、ロンドン大学ゴールドスミス校の名誉教授であり、ポピュラー・カルチャーとフェミニズム理論、メディアとコミュニケーションの分野における第一人者である。近年は、コベントリー大学のクリエイティブ文化研究所、そしてポストデジタル文化センターの客員教授にも任命され、ロンドンとベルリンに居を構えているそうだ。

一九五一年生まれのマクロビーは、スコットランドのグラスゴー大学で学士号を取得した後、ブリティッシュ・カルチュラル・スタディーズ発展の中心地となったバーミンガム大学現代文化研究センター（ＣＣＣＳ）の大学院に進学した。マクロビーはＣＣＣＳ時代にスチュアート・ホールやその他の研究者たちとの協働を経て、男性研究者の視点に基づく研究が主だった当時のサブカルチャー分析をフェミニズムの立場から批判する「女の子たちとサブカルチャー（Girls and Subcultures）」（ジェニー・ガーバーとの共同執筆、一九七八年）などの論文を執筆したことで、一躍その名を知られるようになった。

その後、マクロビーはロンドンのラフバラ大学での教育活動を経て、一九八六年からはゴールドスミス校でコミュニケーション学の教授として、多くの著書、論文を執筆してきた。『文化経済学研究（*Journal of Cultural Economy*）』や『コミュニケーション・レビュー（*The Communication Review*）』などの学術雑誌の編集委員を務めるとともに、オープン・デモクラシー（openDemocracy）や『ガーディアン』紙のウェブサイト「コメントイズフリー（Comment is Free）」（現在は「オピニオン」）などにも積極的に寄稿している。

マクロビーのこれまでの著書を年代順に並べると、以下のとおりである。

Feminism and Youth Culture: From 'Jackie' to 'Just Seventeen', Macmillan, 1991.（二〇〇〇年に第二版）
Postmodernism and Popular Culture, Routledge, 1994.
British Fashion Design: Rag Trade or Image Industry?, Routledge, 1998.
In the Culture Society: Art, Fashion and Popular Music, Routledge, 1999.

The Uses of Cultural Studies, Sage, 2005.

The Aftermath of Feminism: Gender, Culture and Social Change, Sage, 2009.（ドイツ語版のタイトルは *Top girls : Feminismus und der Aufstieg des neoliberalen Geschlechterregimes*, Wiesbaden, 2010）

Be Creative: Making a Living in the New Culture Industries, Polity Press, 2016.

これ以外にも、多くの編著や共編著、そして論文が発表されている。メディア文化とフェミニズム、ネオリベラリズムとポストフェミニズムに関する論文や著書を紐解けば必ず引用されているのがマクロビーである。そうであるにもかかわらず、日本ではこれまでマクロビーの本が翻訳され、体系的に紹介されることはなかった。現時点で論文の翻訳は三本しかない。カルチュラル・スタディーズやポストフェミニズム論に目配りしている国内の研究書にはその名前をみつけることができるものの、マクロビーの研究や思想について私たちはこれまで飛び石を渡るような頼りない知識と情報しか得ることができなかったのである。こうした現状に、本書の刊行が一石を投じることを期待している。

マクロビーの研究について

マクロビーの主な研究は、以下の三つの主題に基づいて分類することができる。

①ポピュラー・カルチャーとジェンダー、セクシュアリティ

この主題は、主に最初に刊行された二冊の本で扱われているが、それ以降の著書においても継続的に登場している。他の女性研究者たちとともに、マクロビーはメディアと階級、サブカルチャーやポピュラー文化と資本主義の関係に重点を置いていた初期カルチュラル・スタディーズの研究に、ジェンダーとセクシュアリティの視点が欠けていることを批判的に示していった。文化の研究においていつも周縁化され、重要な役割を与えられることのなかった若い女性たちが、男性中心のサブカルチャーやストリートの文化活動のなかで実際には重要な実践を行っていたにもかかわらず、研究のフレームから外されてきたと指摘することで、多くのサブカルチャー研究が中立的なふりをして、「男性サブカルチャー（のみ）の分析を行っている」ことを明らかにした。特に初期の研究では、こうした問題を男性研究者たちに向けて指摘してみせた。その上でマクロビーは、ダンスや女性雑誌などを楽しむ若い女性たちの文化消費やテキストの読解や視聴を通じたファンタジーが、いかに家父長制への対抗的な女性主体を生産する契機となっているのかという点について、時にそれらの文化実践の当事者として、また社会学的な調査者の立場から分析している。

②批判的ファッション研究、クリエイティブ産業のグローバル化と小規模クリエイターの労働と生について

これらの主題は、主にエスノグラフィー的手法を用いつつ、文化の研究を政治経済学的な関心に

接続しようとする試みを通じて追究されてきた。特に、男性エスノグラフィー研究者が、自身の同一化しやすい対象のみを選択することによって、エスノグラフィー自体が保守的なジェンダー体制の再生産につながることを意識した上で、ファッション産業だけでなく古着マーケットに注目し、資本主義経済のもとで展開される公式的な経済活動だけでなく、中古市場というインフォーマルな市場経済について論文を執筆してきた（一九八九年には『ズートスーツと古着（*Zoot Suits and Second-hand Dress*）』を編者としてまとめている）。また、『イギリスのファッションデザイン――服飾産業なのか、イメージ産業なのか？（*British Fashion Design: Rag Trade or Image Industry?*）』（一九九八年）や『クリエイティブになる――新しい文化産業のもとで生計を立てること（*Be Creative: Making a Living in the New Culture Industries*）』（二〇一六年）の二冊では、上述した手法を通じて、このテーマをテクスト中心の研究ではなく社会科学的な研究として提示している。この領域の研究については、現在『クリエイティブ産業としてのファッション――ロンドン、ベルリン、ミラノの零細企業（*Fashion as Creative Industry: Micro-enterprises in London, Berlin and Milan*）』の刊行が準備されているとのことである。

③フェミニズムとネオリベラリズムの政治文化にともなうポピュラー・カルチャーの問題

カルチュラル・スタディーズの研究者にとって、ネオリベラリズムとの対決の糸口となったのは、スチュアート・ホールによる論文集『再建への困難な道――サッチャリズムと左翼の危機（*The Hard Road to Renewal: Thatcherism and the Crisis of the Left*）』（一九八八年）である。この本では、労働党の教条主義的なイデオロギーと労働者階級の諸利害との間に構築されていた伝統的な連携が無力化され、右派ポピュリズムとの新しい連携というヘゲモニックな権力ブロックの編成をやり遂げるさまを同時代的に分析している。労働者階級の意識や関心の広がりと狭い範囲の「政治」にしか意識の向かない伝統的な左翼的言説との間に生じた分離、そしてサッチャーが提示するネオリベラルな価値と道徳を労働者階級が新しい文化として受け入れていく時代をホールらは「新時代（ニュー・タイムズ）」と名付けた。

サッチャーの登場とともに作り上げられたこの新時代について、マクロビーも正面から取り組み、多くの女性たちにとってこれが複合的な現象として現れたと論じている。新しいアイデンティティ形成と、消費文化を通じた女性たちの地位向上の契機にもなると同時に、新しい企業文化による攻撃的な経済的個人主義のイデオロギーを振りまくことで、福祉国家に打撃を与える結果にもつながったからである。このような視点は、マクロビーの代表作ともいえる二〇〇八年に刊行された『フェミニズムの波の後で（*The Aftermath of Feminism*）』での議論につながっていく。本書は、『フェミニズムの波の後で』に続く、フェミニズムとネオリベラリズムに関する三部作の二作目に当たる。マクロビーは現在、#MeToo 時代の批判的なフェミニズム教育に関する三作目を執筆中であり、二〇二二年中に刊行されるとのことである。この三部作において鍵となる概念が、「ポストフェミニズム」である。

ポストフェミニズムとは何か

ポストフェミニズムおよびそれに類する概念（ポピュラー・フェミニズム、ネオリベラル・フェミニズム、企業フェミニズムなど）とそれが指ししめす現状を巡る議論は、英語圏ではこれまでかなり深まってきており、蓄積がある。一九六〇年代からおおよそ八〇年代の第二波フェミニズムの後に（それが「終わった」としてであるが）、第三波、さらには現在の第四波フェミニズムが訪れたという整理はそれなりに定着してきたのかもしれない。だが、「ポストフェミニズム」という言葉はそれらとはカテゴリーを異にする言葉だと考えた方がいいだろう。第三波や第四波をどう定義するのであれ、ポストフェミニズムはそれらを横断し、それらの背景となるような状況の名前である。

ここでは主にマクロビーの『フェミニズムの波の後で』での議論を参照しつつ、ポストフェミニズムの諸側面を要約してみよう。マクロビーはポストフェミニズムもしくはポピュラー・フェミニズムの出現を比較的はっきりと、一九九〇年としている（p. 13）。一九九〇年代に起こったのは一種のバックラッシュである。八〇年代までの第二波フェミニズム、とりわけラディカル・フェミニズム系の、差異を強調し、家父長制の打倒を目指すフェミニズム、また社会主義フェミニズムの中でも家父長制と資本主義との結託を指摘し、その体制全体の転覆を目指すようなフェミニズムは、九〇年代に入ってグローバルに資本主義が「勝利」するに従って、忌避されるようになった。

その結果、ある種のバックラッシュが到来するのだが、それは単なるバックラッシュ、つまり第二波フェミニズムによって獲得された政治目標を無に帰し、旧に復そうというものではない。このバックラッシュは「複雑化（complexification）」される必要のあるバックラッシュなのだ（p. 6）。

このバックラッシュを複雑化させる最大の要素は、さきほど述べた資本主義の勝利だろう。それには、ネオリベラリズムという名前がついている。第二波フェミニズムの一部、その解放への衝動の一部と、ネオリベラリズムの「革命」との合流は、フェミニズムを単に捨て去るということではなく、フェミニズムがネオリベラリズムにとって重要なエンジンとなるような、「複雑なバックラッシュ」を生み出した。それは一つの側面においては、フェイスブック（現・メタ）のシェリル・サンドバーグとその著書『リーン・イン』が象徴するような、「ガラスの天井」を破ってグローバル企業の頂点で輝くことこそがフェミニズムの目標の達成であるという形で「フェミニズム」を変容させた。これについては、二〇二一年七月に残念ながら急死したイギリスのジャーナリスト、ドーン・フォスターの『リーン・アウト（*Lean Out*）』（未邦訳）による批判、またキャサリン・ロッテンバーグの『ネオリベラル・フェミニズムの興隆（*The Rise of Neoliberal Feminism*）』（未邦訳）などがある。これらの議論の紹介も待たれる。サンドバーグらの企業フェミニズムを正当化するのは「トリクルダウン・フェミニズム」という論理だろう。つまり、トップの女性がネオリベラルな競争社会で勝利して巨万の富を手にすることが正当化されるのは、それがいずれふつうの女性たちに「したたりおちる（トリクルダウン）」からだ、という論理である。フォースターが正しく批判するように、それがしたたり落ちてくる可能性は、低い。

ではそのような状況においてふつうの女性たちに与えられたものは何だろうか。マクロビーが

『フェミニズムの波の後で』の第一章で『ブリジット・ジョーンズの日記』（映画版二〇〇一年）を論ずるのはその疑問に答えるためである。非モテの三二歳のブリジットにとっての悩みは、すでにかつてのフェミニズムが答えを与えてくれるものではない。それどころか、「適齢期」をとっくに超えた彼女が、このまま孤独な人生を歩むことになるのか、という、反フェミニズム的ともいえる悩みが彼女の問題の中心なのだ。それでもなお彼女は、メディア産業に職を持ち、性的にも多様な友人たちをもつ、「解放された」女性でもある。

このような解放性と保守反動性の同居は、同時代のいわゆる「チック・リット」と呼ばれる女性向け文学に共通の特色かもしれない。マクロビーは、ポストフェミニズムのこの特徴を捉えるために、ジュディス・バトラーを受けて「二重拘束（double entanglement）」という言葉を採用する（p. 6）。この「二重拘束」は、ネオリベラリズムそのものの要請である。それは一方ではリベラル化を進める。サンドバーグ的なエリート女性が「活躍」をする機会が与えられるだけではなく、ブリジットのような「ふつう」の女性たちも、職業と消費文化、メディア文化を享受することができる。だがそれらの「解放」の裏側には、たとえばブリジットが日記をつけることで節酒、禁煙、体重管理といった、女性としての「価値」を高めるための自己管理を強いられるように、かつてフェミニズムが批判したはずの女性性とそれへの「拘束」の回帰もまた存在する。だがそれは同時に、第二波フェミニズムが批判したような、福祉国家体制下における女性性ではありえない。それはネオリベラリズム下での個人化、自己責任化された女性性であり、さらには自己を資本化し、アントレプレナー化するような女性性である。であるから、ここで「ふつうの女性」と述べたものは、「すべての女性」ではないことをつけ加えておかねばならない。そこから排除される女性たちがいる。ネオリベラルな新たな中流階級に入ることのできない女性たちだ。ポストフェミニズムを分析格子とすることは、そのような排除に目を向ける方法でもある。

ポストフェミニズムとは同時に、「ポピュラー・フェミニズム」でもある。「複雑なバックラッシュ」の中で、逆説的にもフェミニズムはメディアでの可視性を得てきている。これについてはマクロビーだけでなくたとえばロザリンド・ギルの仕事（『ジェンダーとメディア（*Gender and the Media*）』（Polity, 2007）ならびに「ポスト・ポストフェミニズム？——ポストフェミニズム時代におけるフェミニズムの新たな可視性」河野真太郎訳、『早稲田文学』二〇二〇年春号）や、サラ・バネット＝ワイザーの『エンパワード——ポピュラー・フェミニズムとポピュラー・ミソジニー（*Empowered: Popular Feminism and Popular Misogyny*）』（Duke University Press, 2018）（イントロダクションは田中東子訳で『早稲田文学』二〇二〇年夏号に掲載）も参照されるべきだろう。#MeToo 運動は確かにフェミニズムに新たな、積極的な展開をもたらした。しかし、それはメディアにおけるポピュラーな可視性によるものであり、とりわけマスなメディアそして、ソーシャル・メディアの中にどのような力学があるのかを少しでも知っていれば、それが全面的に歓迎すべき事態でもないということは分かるかもしれない。

本書『フェミニズムとレジリエンスの政治』が、何を問題にしているかが以上で浮き彫りになったと願っている。たとえば第2章で展開される〈p‐i‐r〉という「装置」——〈完璧であること〉〈欠点もあること〉〈レジリエンス〉という三つ組みによって女性主体をからめとっていく装置——をめぐる議論は、ネオリベラルな「二重拘束」の下で女性がいかにして主体化されているのかをめぐる、さらなる議論の精緻化・展開であると分かるだろう。これ以上については本文をお読みいただきたい。

日本においてはポストフェミニズムという言葉は、一般の人びとやフェミニズム運動はもちろん、学問的フェミニズムにおいても、英語圏での広がりと比較してまったく広まってこなかった。だが近年ようやく英語圏におけるこの言葉の用法を受容し、それをさらに日本の状況に当てはめて考えようという気運が広まっている。以下、訳者の著書も含めるので恐縮であるが、単行本の形になっている、「ポストフェミニズム」に関連する書物をリストアップしてみる。

竹村和子編『〝ポスト〟フェミニズム』作品社、二〇〇三年
田中東子『メディア文化とジェンダーの政治学——第三波フェミニズムの視点から』世界思想社、二〇一二年
日本ヴァージニア・ウルフ協会編『終わらないフェミニズム——「働く」女たちの言葉と欲望』研究社、二〇一六年
河野真太郎『戦う姫、働く少女』堀之内出版、二〇一七年
菊地夏野『日本のポストフェミニズム——「女子力」とネオリベラリズム』大月書店、二〇一九

年
高橋幸『フェミニズムはもういらない、と彼女は言うけれど――ポストフェミニズムと「女らしさ」のゆくえ』晃洋書房、二〇二〇年
堅田香緒里『生きるためのフェミニズム――パンとバラと反資本主義』タバブックス、二〇二一年

竹村の編著の「ポストフェミニズム」はここまで述べてきたポストフェミニズムとは必ずしも一致しないこと、また田中の著書は「第三波フェミニズム」を冠してはいるが、実質的にポストフェミニズムの問題系を論じていることを申し添えておく。これ以外に雑誌では、『現代思想』の二〇二〇年三月臨時増刊号（総特集＝フェミニズムの現在）や、『早稲田文学』の二〇一九年冬号、二〇二〇年春号および夏号が、誌面の多くをポストフェミニズム関連の論考に割いている。

そもそものフェミニズムの状況、女性の置かれた状況が英語圏とは大きく異なる日本においては、それ相応のポストフェミニズムの定義とその言葉を使った分析が求められているだろう。訳者の二人はその作業が必要であること自体は信じており、本書の翻訳をはじめとして、まずは英語圏での議論を紹介するという手続きが必要だと考えている。議論はまだ緒に就いたばかりである。

フェミニズムとカルチュラル・スタディーズの交差点

本書には、二〇一四年に亡くなったスチュアート・ホールの研究を引き継ごうとするような部分も見受けられる。

特に第4章が、一九七八年にスチュアート・ホールらによって刊行された『危機の取り締まり――強盗、国家、法と秩序（*Policing the Crisis: mugging, the State and Law & Order*）』（未邦訳）を下敷きに執筆されていることは明らかである。ホールらのこの本は、イギリスのカルチュラル・スタディーズの初期の方向性を決定づけた重要な研究として今日まで読み継がれている（二〇一三年に三五周年記念版として復刻されている）。『危機の取り締まり』のなかでホールらは、ニュースやタブロイド・メディアを通じて「マギング」と呼ばれる「強盗」や「カツアゲ」といった新しい犯罪が発明され、それらが若い黒人男性と感情的に結び付けられることで、ポピュラーな道徳の中で有色人種が悪魔化／犯罪者化されていくメカニズムに焦点をあてている。このメカニズムは、七〇年代のイギリス社会を特徴づけるさまざまな社会不安を解決するためには寛容さよりも強力な統制と介入を、国家を頼りとする福祉の充実よりも個々人の自助努力を要請する八〇年代サッチャリズムの言説を準備し、イギリス社会が権威主義的な法と秩序の社会へと再編されていく道程を跡付けた。

このように、「マギング」というラベルを貼り付けられることによって、若い黒人男性への憎悪と怒りが前もって掻き立てられ、彼らをあらかじめ犯罪者の予備軍として見るように予示的に制限していくことこそが、本書でも繰り返し述べられる「視覚メディアの統治性」の機能であると考えられる。つまり本書の後半、特に第4章でマクロビーが試みているのは、権威主義に向けた社会編成が完成した後で、私たちひとりひとりの心のうちに、この権威主義と「社会そのものの解体」を組み込もうとするポピュラーなメディアを通じた策略が埋め込まれていったということの解明なのである。

現代の「視覚メディアの統治性」は、「生活保護の不正受給者」や「生活保護へのたかり屋」といったイメージの増幅によって、格差と貧困の問題の原因が貧しい人びとの「選択」にあるかのように方向づけ、人びとの視線や意識を本来であれば向かうはずの社会的課題から逸らせ、反福祉主義への共感を私たちのなかに植え付けていく。本書で細かく指摘されているような具体的な装置の数々が、このようなイメージの内部に貧しい女性たち、階級上昇が望めない女性たちを幽閉し、成功への道が開かれているわずかな女性たちとの分断を呼び起こす。

本書は、これまでのマクロビーによるフェミニズムとポピュラー文化研究の延長線上にあると同時に、『危機の取り締まり』のなかでホールらが取り組もうとしたメディアやポピュラー文化を通じた社会的課題から私たちの意識を遠のかせ、私たちの連帯の可能性を破壊しようとする様々な装置の、二一世紀バージョンをあぶり出そうとする試みである。

すでに述べたように、本書は本邦初のアンジェラ・マクロビーの著書の翻訳書である。本書で提起されている様々な視点は、今日の日本社会について考える際に、そのまま適用できるとは限らないにしても、多くの示唆とインスピレーションを与えてくれるものである。

本書の翻訳作業の行程としては、最初に序章、3章、4章を田中が、1章、2章を河野が担当し、それぞれの章の訳稿を仕上げた。そののちに、それぞれの訳稿に対して、それぞれが手を入れ、訳語の統一や内容の検討を行った。田中の担当箇所については大阪産業大学の水嶋一憲氏と神戸大学の小笠原博毅氏に貴重な助言をいただいた。多くの重要なアドバイスと共に、忍耐強く編集作業に取り組んでくださった青土社の樫田祐一郎氏には、訳者二名より心からの感謝をささげたい。

田中東子

河野真太郎

索引

あ行

アーマトレーディング、ジョーン　99
アサンテ、アマ　99
『新しい女性の創造』→フリーダン、ベティ
アドキンス、リサ　54, 134
アドルノ、テオドール　119
『アメリカン・ビューティー』（映画）34-5
アリバイ＝ブラウン、ヤスミン　41
アルチュセール、ルイ　168
アレン、キム　183-4, 212

イェーツ、リチャード　35
インスタグラム　61, 91-2, 208
『インディペンデント』（新聞）30
ヴァカン、ロイック　155, 172, 176, 190
ウィリアムズ、セリーナ　196
ウィリアムズ、レイモンド　203
ウィルソン、エリザベス　43, 46-7, 135, 139, 210
ウィルソン、カルパナ　129
ウィンスレット、ケイト　34-5, 39
ウィンドラッシュ（世代／移民）140, 168, 188, 192
『ウーマンズ・オウン』（雑誌）30
ウーレット、L　169-73
ウェルドン、フェイ　56
ウッド、ロニー　100
エドワーズ、メラニア　206
ＮＨＳ　188, 192
『エル』（雑誌）30, 89, 206
オーガッド、S　106-7
オースティン、ジェイン　89
オールソップ、カースティ　208
オシア、アラン　136, 143-4
オズボーン、ジョージ　136, 143, 154, 181, 210
オバマ、ミシェル　187, 207
オヘイガン、アンドリュー　197
オルド自由主義　54, 127

か行

『ガーディアン』（新聞）30-1, 64, 208
カーティス、スカーレット　101, 207-8
カーティス、リチャード　34, 101, 208
カービー、ヘイゼル　191
『GIRLS／ガールズ』（テレビ番組）79
ガールズ・パブリック・デイ・スクール・トラスト　206-7
カーロ、フリーダ　89
カヴァレーロ、アドリアーナ　120
『カウンシルハウス・クラックダウン』（テレビ番組）198, 213
カントラ、J　150-1
『危機の取り締まり』→ホール、スチュアート
キャッスル、バーバラ　139
キャメロン、サマンサ　39
キャメロン、デイヴィッド　143, 156, 204
キャンベル、ビー　44, 205
共産党（イギリス）44
ギル、ロザリンド　106-7
ギルロイ、ポール　192, 211
クーパー、メリンダ　132, 134-5, 195
『グッド・ハウスキーピング』（雑誌）206
クライン、ナオミ　176
『グラツィア』（雑誌）30, 89

グラムシ、アントニオ　143-4, 168
クリステヴァ、ジュリア　178
『クリティカル・ソーシャル・ポリシー』（雑誌）　45
グリューニング、G　148
クリントン、ビル　43, 195
クレッグ、ニック　143
クレッグ、ミリアム　39
『欠点という賜物』→ブラウン、ブレネー
コットン、ファーン　100-2
コッポラ、ソフィア　99
子供の貧困行動グループ　44
『コロネーション・ストリート』（テレビ番組）　42
コンスタンティン、スザンナ　12

さ行

サッチャー、 マーガレット　143-4, 168, 194, 203
サマーズ、ラリー　69
サモラ、ディー　22, 188, 190
サンドバーグ、シェリル　16, 29, 40, 56, 63-9, 76
ジェイムズ、ロビン　77, 80, 121, 209
『ジェリー・スプリンガー・ショー』（テレビ番組）　209
ジェンセン、トレイシー　13, 212
『自分自身を説明すること』→バトラー、ジュディス
『ジャスト・セブンティーン』（雑誌）　206
シャペロ、E　19, 77, 90
シュア・スタート　154
自由民主党（イギリス）　27, 30
シュトレーク、ヴォルフガング　20, 138, 140-2, 211
ジュリアン、アイザック　211
シュレーダー、ゲアハルト　195
女性参政権運動家（サフラジェット）　89
『女性と福祉国家』→ウィルソン、エリザベス
『女性の時間』（ラジオ）　30-1, 204
女性のための予算グループ　44
シリアム、R　140, 191-4
スウィンソン、ジョー　27
『スーパーナニー』（テレビ番組）　171
スクワイア、J　150-1
スケッグス、ビヴァリー　41, 137, 156-8, 176, 184
スティードマン、キャロリン　54
スマートワークス　209

た行

『タイムズ』（新聞）　30
タイラー、イモジェン　169, 174, 176-9, 186-7
ダヴィドフ、レオノーラ　51
ダヴィン、アナ　51
タッカー、ナンシー　78
ダナム、レナ　80
ディカプリオ、レオナルド　34
『デイリー・テレグラフ』（新聞）　30, 38
テイラー、ロージー　210
『デイリー・メイル』（新聞）　26, 30, 39-41, 62, 78, 205
『テスコ・マガジン』　84
ＴＥＤトーク　64, 96
ドイツキリスト教民主同盟　32
トインビー、ポリー　210
ドゥルーズ、ジル　62, 137, 168, 175
ド・ベネディクティス、サラ　13, 180, 198
トランプ、イヴァンカ　132, 210
トランプ、ドナルド・J　187, 196
ドンズロ、ジャック　52, 59
トンプソン、エマ　101

な行

ナイキ・ガール・エフェクト　129

『ナインティーン』（雑誌） 206
NatCen 144
ニュー・パブリック・マネージメント（ＮＰＭ） 23, 82, 89, 127, 146-51, 211
ニューマン、ジャネット 148-50
ニューレイバー 28, 50, 135-6, 149, 152, 154, 157, 174, 177, 196, 209
ノース、モーリス 212

は行

ハーヴェイ、デヴィッド 20, 138-40, 211
ハーク、サヴィーネ 211-2
バーバ、ホミ・Ｋ 116, 188-9, 213
バーラント、ローレン 79, 86, 122
バーランド、ソフィ 210
バジェオン、Ｓ 116
バトラー、ジュディス 9, 20, 61, 112, 115-6, 118-20, 122
バネット＝ワイザー、サラ 18, 75, 85
パラディーノ、カール 187
パルトロウ、グウィネス 206-7
バレット、ミシェル 43, 46-8
『反社会的家族』→バレット、ミシェル／マッキントッシュ、メアリー
ＢＢＣ 30-1, 174, 198, 204
ビコーズ・アイ・アム・ア・ガール 147
ヒューイット、パトリシア 205
ビヨンセ 74, 77, 115, 209
プア、ジャスビア 32
ファリス、サラ 147
フィリップス、アダム 20, 109-15, 119-20
フィン、ダン 173
フーコー、ミシェル 33, 51-2, 54-5, 60, 103, 126-7, 168, 203
フェイスブック 16, 29, 40, 61, 63, 66, 76, 133
フェニックス、アン 191
『フェミニストはピンクを着ない』→カーティス、スカーレット
『フェミニズムの波の後で』→マクロビー、アンジェラ
『フォー・ウェディング』（映画） 205
フォーネス 209
フサイン、ミシャル 99
ブラー、アヴター 191
『ブライズメイズ』（映画） 205
ブラウン、ウェンディ 17, 28, 33, 126-8, 130, 132, 203
ブラウン、ゴードン 30, 136
ブラウン、ブレネー 93-6
フリーダン、ベティ 35, 69
『ブリジット・ジョーンズの日記』（映画） 205
ブレア、トニー 30, 43-4, 49-50, 62, 136, 143-4, 174-5, 195
フレイザー、ナンシー 28, 152
フロイド、エマ 101
フロイト、ジークムント 110, 114, 116
ヘイ、Ｊ 169-73
ベイリー・レイ、コリーヌ 99
ベヴァリッジ、ウィリアム 166, 193
ベック、ウルリッヒ 59, 139, 211
ベック＝ゲルンスハイム、エリーザベト 139, 211
『ベネフィット・ストリート』（テレビ番組） 13, 22, 169, 180-3, 188
『ベネフィット・バスターズ』（テレビ番組） 212-3
ホール、キャサリン 51
ホール、スチュアート 13, 20, 26, 105, 136, 138, 140, 143-4, 154, 162, 166-8, 176, 183, 187, 192, 203, 211-2
ボーン、ジョルジーナ 198
ホガート、リチャード 41
保守党（イギリス） 14, 26-28, 30, 32, 210
ポラード、ヴィッキー 174
ボルタンスキー、Ｌ 19, 77, 90

ホワイト・ディー　22, 169, 182-8, 190, 213

ま行

マクロビー、アンジェラ　128
マッキントッシュ、メアリー　43, 46-8
MaMSIE　45
マムズネット　40, 133
『マリ・クレール』（雑誌）　106
マンデルソン、ピーター　157
#MeToo　18, 74
ムア、チャールズ　38, 205
メイ、テリーザ　16, 27
メルケル、アンゲラ　205
メンシュ、ルイーズ　27-8
メンデス、サム　33-4
モリス、リディア　156-7, 159-60
『文無し——生活保護のない友人たち』（テレビ番組）　14

や行

ヤング、ローラ　196
YouGov　144
ユーチューブ　64, 78
ユニバーサル・クレジット　14
『良い女のための風景』→スティードマン、キャロリン

ら行

ライリー、デニース　43, 46
ラッセル、モリー　208
ラプランシュ、ジャン　120
リアーナ　77
『LEAN IN（リーン・イン）』→サンドバーグ、シェリル
リスター、ルース　44, 177, 205, 211
リトラー、ジョー　57
『リトル・ブリテン』（テレビ番組）　174-5
ルイス、ゲイル　191, 213
ルーカス、マット　174
『ルース・ウィミン』（テレビ番組）　30
レヴィナス、エマニュエル　120
『レッド』（雑誌）　30, 97-9, 101
レディ・ガガ　77, 80, 115, 209
『レディ・バード』（映画）　210
レプケ、ヴィルヘルム　54, 124
『レボリューショナリー・ロード』（映画）　33-5, 38-9, 69
レンツォス、フィリッパ　103-5
ローズ、ジャクリーン　61
ローズ、ニコラス　103-5, 171
ローチ、ケン　199
労働党（イギリス）　29, 43-4, 47, 49
ローリー、I　176
ロッテンバーグ、キャサリン　10, 87, 209
ロレンス、D・H　41
『ロンドン・レヴュー・オヴ・ブックス』（雑誌）　109

わ行

『わたしは、ダニエル・ブレイク』（映画）　173, 199

［著者］アンジェラ・マクロビー　（Angela McRobbie）
ロンドン大学ゴールドスミス校名誉教授。ブリティッシュ・カルチュラル・スタディーズを代表する研究者の一人であり、ポピュラー文化とフェミニズム理論、メディアとコミュニケーションにかんする研究を専門とする。*The Aftermath of Feminism* (2009)、*Be Creative* (2016) など著書多数。本書が初の邦訳書となる。

［訳者］
田中東子　（たなか・とうこ）
東京大学大学院情報学環教授。専門はメディア文化論、ジェンダー研究、カルチュラル・スタディーズ。主な著書に『メディア文化とジェンダーの政治学』（世界思想社、2012年）ほか。

河野真太郎　（こうの・しんたろう）
専修大学国際コミュニケーション学部教授。専門はイギリス文学・文化ならびに新自由主義の文化と社会。主な著書に『新しい声を聞くぼくたち』（講談社、2022年）ほか。

フェミニズムとレジリエンスの政治
ジェンダー、メディア、そして福祉の終焉

2022年9月14日　第1刷発行
2023年2月13日　第2刷発行

著者――アンジェラ・マクロビー
訳者――田中東子＋河野真太郎

発行者――清水一人
発行所――青土社

〒101-0051　東京都千代田区神田神保町1-29　市瀬ビル
［電話］03-3291-9831（編集）　03-3294-7829（営業）
［振替］00190-7-192955

本文組版――フレックスアート
印刷・製本――双文社印刷

装幀――山田和寛（nipponia）

ISBN 978-4-7917-7491-3　C0030
Printed in Japan